中国消费大数据研究院文库
主　编：柳学信　陈立平

中国社区生鲜超市
食品消费报告（2020）

赵　冰　陶　峻　李　研　张松波　张天华　主编

China Community Fresh Supermarket
Food Consumption Report（2020）

经济管理出版社
ECONOMY & MANAGEMENT PUBLISHING HOUSE

图书在版编目（CIP）数据

中国社区生鲜超市食品消费报告. 2020/赵冰等主编. —北京：经济管理出版社，2021.7
（中国消费大数据研究院文库/柳学信，陈立平主编）
ISBN 978 - 7 - 5096 - 7836 - 7

Ⅰ. ①中… Ⅱ. ①赵… Ⅲ. ①超市—食品—居民消费—研究报告—中国—2020 Ⅳ. ①F126.1

中国版本图书馆 CIP 数据核字（2021）第 051532 号

组稿编辑：梁植睿
责任编辑：梁植睿
责任印制：黄章平
责任校对：王淑卿

出版发行：经济管理出版社
（北京市海淀区北蜂窝 8 号中雅大厦 A 座 11 层　100038）
网　　址：www.E - mp.com.cn
电　　话：（010）51915602
印　　刷：唐山玺诚印务有限公司
经　　销：新华书店
开　　本：720mm × 1000mm/16
印　　张：13.75
字　　数：212 千字
版　　次：2021 年 7 月第 1 版　　2021 年 7 月第 1 次印刷
书　　号：ISBN 978 - 7 - 5096 - 7836 - 7
定　　价：78.00 元

中国消费大数据研究院文库

主　　编：柳学信　陈立平

编委会成员：（按姓氏拼音排序）

陈立平　符国群　傅跃红　郭国庆

黄苏萍　柳学信　牛志伟　彭建真

王成荣　王永贵　杨世伟

总　序

消费是最终需求，是经济增长的持久动力。我国人均 GDP 已经达到中等发达国家水平，中国整体消费水平不断提高。国家统计局公布的 2020 年国民经济运行情况显示，我国居民最终消费率接近 55%。但不论与美、法、日等发达国家相比，还是与俄罗斯、巴西、波兰等与中国人均 GDP 相近的国家相比，中国的居民消费率均偏低，表明我国居民合理的消费需求并未得到很好的满足。需求不足成为制约我国经济高质量发展的主要原因之一。要想打通制约经济增长的消费堵点，增强消费对经济发展的基础性作用，需要满足居民消费升级趋势，逐渐完善促进消费体制机制，不断优化消费环境，形成强大的国内市场，逐步构建新型消费体系，通过消费升级引领供给创新，更好地发挥消费在双循环新发展格局中的基础性和引领性作用。

随着万物互联和移动互联网等成为当下颇具影响力的时代变革力量，大数据也成为企业的重要资产组成和推动行业变革发展的核心要素。数字经济和互联网已经重构了零售行业的产业结构和商业模式。如何更好地利用大数据为零售行业发展赋能，是构建新型消费体系的关键所在。一方面，在数字化的推动下，零售行业的新模式和新业态不断涌现，企业迫切需要发展新的商业模式。另一方面，零售业的核心竞争力在于能否理性洞察并满足消费者的各项需求。通过大数据的技术手段，与目标用户建立更深刻的联系，更好地满足消费者不断升级的需求。

当前我国零售行业正在发生着深刻的变革。零售行业如何结合大数据技术实现商业模式转型，增强核心竞争力，从而更好地满足消费者不断变化和升级的需求？如何融合市场驱动和大数据技术发展提供的无限可能性，通过我国有为政府的政策引领和支持，实现消费对我国经济社会高质量发展的引领和驱动作用？这不仅是零售行业面临的挑战和机遇，也是中国新时期亟须解决的重要问题。在此背景下，首都经济贸易大学和蚂蚁商业联盟于2019年发起成立了中国消费大数据研究院（China Institute of Consumption Big Data），通过结合蚂蚁商业联盟的商业化数据优势和首都经济贸易大学的科研优势，对蚂蚁商业联盟成员企业的大数据资源进行分析和研究，揭示中国社会消费发展的趋势和规律。中国消费大数据研究院作为联结企业、高校和政府的纽带和中枢，致力于建设中国零售行业大数据创新平台，实现研以致用，服务于我国零售行业管理实践和政府决策咨询。中国消费大数据研究院构建了以理事会和学术委员会为主要架构的治理机制，制定了《中国消费大数据研究院理事会章程》和《中国消费大数据研究院专家委员章程》等重要文件，完善了中国消费大数据研究院的组织架构、规划以及工作计划、科研项目管理办法、科研经费管理办法、科研奖励管理办法等制度建设，并根据研究方向和工作安排下设行业发展研究中心、生鲜标准制定中心、自有品牌研究中心、零售指数开发中心、案例与理论研究中心、人才发展培训中心共六个研究中心。来自首都经济贸易大学从事企业管理、市场营销、财务金融、大数据和统计相关领域的教授、副教授、讲师、博士后和研究生以及校外从事零售和大数据领域相关专家共计50多人投入到中国消费大数据研究院的各项工作中。

自成立以来，中国消费大数据研究院陆续发布了《中国自有品牌发展年度研究报告》《中国社区商业发展年度报告》等一系列有社会影响力的报告。特别是新冠肺炎疫情暴发后，2020年我们组织科研力量研究和发布了《疫情对中国社区商业的影响》报告，为行业发展和政府决策提供了重要参考和指引。同时，我们也通过中国消费大数据研究院创新平台，打通高校人才培养和科学研究与社会发展和企业实践的隔阂，将社会需求和技术发展融入我们的人才培养过程，通过提供研究数据和案例让我们的学术研究更好地服务于国家战略和社会需求。目前，中国消费大数据研究院已经成为首都经济贸易大学工商管理学科服务中国商业发展的高端智库以及培养专业人才的重要平台。作为国内首家专门致力于消费大数据研究的平台，中国消费大数据研究院连续举办了多次高水平学术研讨会，促进政府、研究机构、行业和企业之间的沟融和交流，更好地服务于我国零售行业的高质量发展。2021年7月，依托中国消费大数据研究院，中国高等院校市场学研究会专门成立零售管理专业委员会，进一步团结高校从事零售领域教学与研究的学者和研究机构，开展学术和教学方面的交流。未来，中国消费大数据研究院将继续深耕学术研究，持续发挥智库作用，推动政、产、学、研深度融合，推动中国零售行业健康发展，为促进中国经济高质量发展贡献力量。

首都经济贸易大学工商管理学院院长

中国消费大数据研究院院长

柳学信

序　　言

　　社区商业构成了中国零售行业的基础，其中，社区生鲜超市在近年来得到蓬勃发展，各类业态层出不穷，结合生鲜电商的发展构成了一道亮丽的风景线。但是，对于社区商业各领域的研究却比较匮乏，研究机构和研究人员更多地聚焦于宏观数据或微观消费行为，忽视了对相关产业的研究，造成实践发展远远超过理论研究的现实。

　　本书基于上述研究背景，结合公开资料初步探讨了社区商业中生鲜超市的发展情况、业态类型以及社区生鲜超市中关系到社区居民日常基本生活需要的食品品类的消费情况，从品类的角度对社区生鲜超市食品消费进行了分析，并且根据中国消费大数据研究院数据对新冠肺炎疫情期间社区生鲜超市中部分品类食品的消费情况进行了对比，得出了社区生鲜超市食品消费趋势和政策建议。

　　木书是集休智慧的结晶，中国消费大数据研究院提供部分数据，研究院社区商业年度报告组成员赵冰、陶峻、李研、张松波和张天华共同完成了报告的构思、撰写和修改工作。另外，首都经济贸易大学工商管理学院李琪、段玲玲、孟祥岩、王涤尘、刘金娜、赵丹阳、董文博、侯庆莲、齐亚宁等同学参与了报告资料的收集、数据的整理、文本的校对和调整等工作，在此深表谢意！

　　本书是社区商业年度报告的第一本，尽管进行了统筹安排，但由于第一次对社区商业进行梳理且作者较多，写作风格没有完全统一，书中存在问题和错误在所难免，诚挚欢迎读者批评指正。在后续的年度报告中我们希望能够更加聚焦社区商业的最新实践进展，促进零售行业理论与实践的融合。

中国消费大数据研究院社区商业年度报告组组长

赵冰

2021 年 1 月于首都经济贸易大学

目　　录

第一章

中国社区生鲜超市发展总论

社区生鲜超市是近年来颇受业界关注的零售业态，也是各类资本竞相投入的领域，发展速度非常快。中国连锁经营协会将面积 50 平方米以上、1000 平方米以下，生鲜销售占比 30% 以上，服务社区的零售业态界定为社区生鲜超市。社区生鲜超市中的生鲜食品、加工食品和粮油副食品满足了居民的基本生活需求，近年来在零售业态变革中发挥着重要作用。本报告着重探讨社区生鲜超市中各类食品的整体消费情况和消费趋势，为社区生鲜超市投资者和消费者提供消费指导，也可以为政策制定者提供依据。

一、中国社区生鲜超市总体发展情况

（一）社区生鲜超市概述

1. 社区生鲜超市的形成背景

社区生鲜超市是从农贸集市市场中分化出来的零售业态。近年来，随着物质生活水平的不断提升，人们在购买生鲜农产品时，越来越重视产品的新鲜度和食用的安全性。但是，由于生鲜农产品本身具有季节性、地区性、易腐性和不便贮存等特点，加之农贸集市的流通环节多、效率低、成本高，食品安全监控难，以致生鲜农产品质量难以保证，难以满足消费市场日益发展的需求。这种供需矛盾让生鲜超市有了发展空间，社区生鲜超市由于具有便利性和专业性，让社区居民能够在居家范围内购买到需要的质量得以保证的生鲜产品。

首都经济贸易大学工商管理学院教授陈立平在 2017 年北京国际服务贸易交易会重要板块活动"2017 中国（北京）电子商务大会"分论坛"新生态——互联网时代的社区生态圈"上指出："中国的社区商业严格意义上应该叫小区商

业，而社区商业的核心业态并非便利店，而是生鲜超市。" 20 世纪 80 年代到 2000 年前后，在社区中逐渐形成了方便老百姓购物的场所；2000 年以后，社区逐渐演变为向老百姓提供更好生活服务的场所。

近年来中国经济迅猛发展，人民生活水平逐年提高，对生鲜产品的要求也越来越高。消费升级让中国家庭对生鲜产品质量、品类、安全性和多样性等方面的需求越来越多，同时，城市整治环境导致大量农贸市场和路边商贩被取消或取缔，此时，有店面的小而精的社区生鲜超市开始出现并迅速发展。到 2013 年，社区生鲜超市开始在全国范围内大量布局。

2. 社区生鲜超市的发展历程

社区生鲜超市的前期孕育经历了两个阶段。第一阶段是"农改超"，在政策推动下，超市开始替代农贸集市。21 世纪初，外资超市品牌开始涉足生鲜经营，启发国内超市生鲜化转型，2001 年诞生的永辉超市就是"农改超"的代表。但是，"农改超"的成功案例并不多，即便是外资引导的"农改超"也难以生存。

第二阶段则是"农超对接"。"农改超"较成功的福州、深圳等地，其经验不仅是政府补贴和大力支持，更重要的是在生鲜供应来源、物流配送等流通环节也给予配套支持，在此模式基础上行业逐渐探索出"农超对接"模式。2008 年 12 月，商务部、农业部联合发文对"农超对接"试点工作进行部署，超市开始"华丽转身"，将资源倾斜到与上游供应链农户的对接上。

经过了这两个阶段的奠定，社区生鲜超市从无到有，此后逐渐受到广泛关注。到 2013 年，社区生鲜超市布局大幕拉开，之后社区生鲜开始不断升级，出现了生鲜加强型超市、全品类生鲜专业店、"便利店 + 生鲜复合业态"等模式，社区生鲜超市方兴未艾。

（二）社区生鲜超市的发展环境

1. 行业政策环境

我国城市化进程快速发展，但与之形成鲜明对比的是大型农贸市场和商超建设速度严重落后。为解决这一矛盾，政府出台了一系列扶持惠民生鲜超市的政策。以《广州市增城区人民政府办公室关于印发增城区鼓励惠民生鲜超市建设管理办法（修订）的通知》（以下简称《通知》）为例，《通知》中提到优先支持品牌连锁经营主体参与建设和经营惠民社区生鲜门店，补助标准为"①100平方米以下补助6万元/家；②100～200平方米补助8万元/家；③200平方米以上补助10万元/家"。另外，《通知》中还提到，"惠民生鲜超市项目正常运营三年以上，并连续三年在考核中被评为优秀的，将再给予每家5万元的资金奖励"。现阶段，政府政策性资金非常鼓励民间资本进入连锁化经营的社区生鲜门店。

除了政策支持之外，我国生鲜食品供应链服务还受到包括多个主管部门的管理。国家农业部、国家食品药品监督管理总局、国家质量监督检验检疫总局、国家出入境检验检疫局等主管部门负责制定生鲜食品供应链服务企业需要遵守的技术质量标准、卫生标准等法律、法规及规范性文件，各级地方农业部门、食品药品监督管理部门、质量监督检验检疫部门等负责具体实施和日常管理。

2. 行业市场环境

生鲜是居民日常生活不可或缺的必需品，我国人口基数大，生鲜消费市场空间广阔。数据显示，2013年之后我国生鲜市场交易额一直保持在6%左右的增速。在购买频次上，生鲜品类在全球都属于高频次消费，但我国消费者的购买频次远超全球平均水平（见图1-1）。

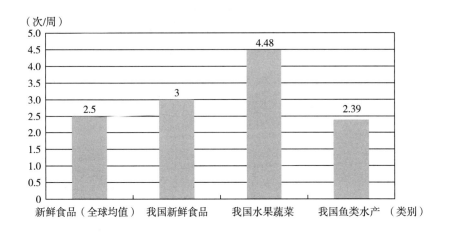

图1-1　我国生鲜购买频次

资料来源：中国产业信息网。

3. 行业技术环境

生鲜产品因其保质期短、易损耗、易变质等特性，对冷链物流设施和物流配送要求较高。与欧美发达国家相比，我国在生鲜损耗率的控制上处于落后地位。欧美国家生鲜产品的损耗率约为5%，其他食品的损耗率降到了1%以下，而我国生鲜产品平均损耗率接近20%，这一数字大大提高了生鲜市场的成本。近年来，我国物联网、冷链物流技术的不断发展推动了生鲜产品标准化，从而降低了损耗，但仍需提升相关技术和管理。

另外，生鲜电商让消费者体验了更多的产品品类、品质和消费乐趣。随着电商以及配套物流的逐步完善，激发了消费者对生鲜品类的线上消费需求。此外，大数据、直播、VR、人工智能的应用，提升了企业运维效率、大幅降低了成本。随着直播、VR、智能终端的走红，生鲜电商消费越来越休闲化、娱乐化、体验化。

（三）中国社区生鲜超市的发展现状

1. 社区生鲜超市的特征

从顾客的角度来看，中国社区生鲜超市的主要特征是距离近和便利性高。社区生鲜超市围绕社区开店，在地理距离上更靠近消费者。一般情况下，社区生鲜店的商圈半径在500米左右，顾客只需步行5～7分钟便可到达店面。另外，社区生鲜超市所售的商品主要是满足顾客即时性消费以及小容量、急需性等商品特性，一般有2000～3000个品种，顾客可以迅速找到所需商品。在营业时间方面，社区生鲜超市的营业时间较长，甚至有24小时全年无休的店铺存在，这也体现了社区商业的便利性。

从社区生鲜超市的经营来看，生鲜超市具有以下特征：第一，门店小型化，大多数社区生鲜店的门店面积在300平方米以内。第二，生鲜占比逐步提升，专业店越来越多。多数社区生鲜品牌的生鲜销售占比超过了40%，其中有29%的社区生鲜品牌的生鲜销售占比超过了80%。第三，客单价低。接近一半的社区生鲜店客单价在20～30元，平均客单价为23元。第四，下沉市场越发重要。社区生鲜目前大量布局在一、二线城市，但随着中国城市化进程的不断提速以及低线城市居民消费升级的需求不断提升，生鲜企业势必将经营重点下沉至三、四线城市。

2. 社区生鲜超市的竞争格局

社区生鲜超市主要面临来自四方的竞争：一是个体经营的夫妻店。自 2017年下半年开始，个体户经营的社区生鲜小店大量开店，其中不少是由果蔬批发商、被农贸市场挤出的菜摊贩转型而来，但此类夫妻店规模较小，品种较少，竞争力不强且很容易受到环境变化冲击而迅速倒闭。二是实体商超的社区化。一些大型实体商超推出小型社区业态品牌以满足社区消费需求，此类社区化品牌的声誉较好，但覆盖面不够广。三是上游企业向下延伸。生鲜供应链变革中"被变革"的批发市场正积极转型，一方面积极搭建 B2B 平台，另一方面向下游延伸开设线下生鲜店。四是线上生鲜电商的全面竞争。生鲜电商成本低廉，品种丰富，多数提供次日达或一小时送达服务，便利性不输生鲜超市。另外，生鲜电商中资本巨头云集，争相进入社区团购和社区生鲜市场，成为社区生鲜超市的主要竞争对手。

二、中国社区生鲜超市的业态

2019 年中国生鲜市场交易规模突破两万亿元，社区生鲜门店拥有中国生鲜市场约 1/3 的消费者群体，社区生鲜业态模式发展潜力大。随着社区生鲜业态发展的加快，其衍生的运营模式也呈现多样化的特点。目前主流的社区生鲜超市业态分为三种模式，分别是生鲜专卖类、超市变形类和电商结合类。

（一）生鲜专卖类

生鲜专卖类社区生鲜超市指该超市专为销售生鲜产品而开设，品类单纯为生鲜产品。该类社区生鲜超市目前多为加盟连锁模式，其优势在于专注于销售生鲜品类，往往可以在生鲜品类下给消费者提供更丰富的选择，并提供更新鲜的食材以及更周到的服务。在生鲜专卖类生鲜超市中，部分为提供多种多样生鲜产品的综合类生鲜市场，部分为提供特定生鲜品类的细分品类店。

1. 生鲜市场模式

生鲜市场模式的店面是提供多种多样生鲜品类的生鲜专卖店，特点为高周转、数量有限、价格优惠。该类店面经营面积一般在 300～500 平方米，生鲜销售占比可达 90%～100%。店面多为标准门店，实施精准货架管理，覆盖范围一般在 100～500 米的小区及临街铺面。品类覆盖大部分基本生鲜，产品围绕一日三餐布局，包括水果、蔬菜、肉品、水产、干果、熟食、糕点等，外加厨房周边产品如油盐酱醋等调料类产品。生鲜市场店通过大规模采购降低综合成本，可以使其商品在品质和价格上具有较大优势，通过抢占社区入口的选址策略来服务周边 500 米的家庭生鲜消费。该模式的典型品牌代表为"生鲜传奇"。

2. 细分品类模式

在生鲜专卖类社区生鲜超市中，有部分店铺只销售特定品类的生鲜。在日常生鲜购物环节，真正能够聚集消费者的还是肉、禽、蛋这几种高频食材，因此有一些生鲜专卖店主打优质肉制品销售，如肉联帮、钱大妈等。还有一些店铺瞄准消费者对生鲜即食产品的需求，以水果为主打，还包括部分干果、零食等品类，如百果园、果多美等。该类模式店面的特点是食材新鲜、供应及时，经营面积一般在 50～100 平方米，店面小，分布集中而广泛，覆盖范围一般为 100～1000 米的社区，生鲜销售占比可达 90%～100%。

（二）超市变形类

农贸市场被"取缔"后，传统超市为满足居民生鲜产品消费需求，开始加大生鲜产品的销售，发展至今生鲜产品占比更是越来越高，由此产生了两种传统超市变形类的社区生鲜超市，即生鲜加强型社区超市和"便利店+生鲜模式"。此类社区生鲜超市的优势在于，原有品类和生鲜品类可以互相促进消费，对于消费者来说，不同的消费需求也可以在同一店面得到满足，节省时间，提高了便利性。

1. 生鲜加强型社区超市

生鲜加强型社区超市是大多数实体零售企业正在经营的业态,也是较为成熟的社区生鲜店形态。该模式的特点为生鲜品类占比较高,打造精细化运营。经营面积从数百平方米到上千平方米不等,生鲜销售占比一般在50%左右。覆盖范围一般为1000~3000米的社区周边。除了蔬菜、水果、肉食、冷冻冷藏、即食烘焙、干货、粮油等生鲜产品外,还经营包装食品、饮料、日用杂货等品类。

2. "便利店+生鲜模式"

"便利店+生鲜模式"指的是在便利店原有的品类基础上引入生鲜品类。它的经营面积一般在100~300平方米,生鲜销售占比一般在30%~50%,覆盖范围是500~1000米的商圈。由于便利店自身的特性,该类门店在门店装置方面通常布局精致,排列整齐有序,生鲜品类一般以包装好的净菜和精品水果为主。

(三)电商结合类

社区生鲜对于零售及电商行业巨头企业来说具有强大的吸引力,互联网和数字化创新为生鲜消费市场带来了区别于传统农贸市场和超市的创新主流。伴随冷链行业的逐步成熟以及电商环境给予的优越条件,中国生鲜行业与电商的结合得以迅速发展。目前电商结合类的社区生鲜超市主要分为两种模式,一种是电商建店模式,另一种是电商合作模式,即电商品牌与传统的社区超市店主合作,为社区超市提供社区居民订购的生鲜产品。

1. 电商建店模式

电商巨头涌入创立子品牌店铺和小实体连锁品牌店,这种模式被称为电商建店模式。电商建店模式的特点是销售渠道一般为线上与线下相结合。线上销售通过外卖进行配送,门店一般集合销售、展示、仓储、分拣等多项功能。经营面积从数百平方米到上千平方米不等。销售品类包括水果、蔬菜、肉品、水产、干果、熟食、糕点、零食、半成品等。

2. 电商合作模式

电商合作模式指电商品牌与传统的社区超市店主合作,为社区超市提供社区居民订购的生鲜产品,居民可至社区超市自提。电商合作模式使电商合作品牌节省了自建店面的费用，同时服务可以迅速推广到更广泛的地区，扩大了使用线上平台提前订购的消费群体。因此，虽然客单价可能较低，但购买频率较高。该类社区生鲜超市依托传统社区超市，经营面积一般在 300 ~ 500 平方米，生鲜产品销售占比为 40% ~ 50%。

三、小结

社区生鲜超市是社区商业的一个重要组成部分，在零售业态发展变革过程中发挥着重要作用。从 20 世纪末到 21 世纪 20 年代，社区生鲜超市经历了"农改超"、农超对接、超市生鲜化和社区生鲜专门化等不同阶段，在满足居民基本生活消费和提升便利性方面发挥了重要作用。随着电商、物流和其他互联网行业的急速发展，社区生鲜超市也在向更加便利和多样化的方向发展。

在社区生鲜超市中，所售食品类型多种多样，居民每日必需的肉禽蛋奶、蔬菜水果是社区生鲜超市的主要生鲜品类，但同时还包括粮油副食和酒水饮料等加工食品，这些食品满足了居民的基本生活需求和提升生活品质的需求，也是生鲜超市中销售占比最大的品类。本报告将对近年来中国社区生鲜超市各主要品类食品的整体消费状况和趋势进行分析和预测，为社区居民提升生活品质、实现消费升级提供消费指引和政策帮助。

第二章

肉类消费

肉类是社区生鲜超市的重要品类，社区超市中的肉类产品主要包括生鲜和冰鲜的猪牛羊肉，以及部分加工和半加工肉类食品。本章主要对生鲜类猪牛羊肉的总体消费情况进行分析，加工类肉类食品则在第七章进行论述。

一、肉类消费概况

（一）规模

1. 供给规模

根据《中国统计年鉴》数据，2010 年以来，我国肉类的供给总量稳中有增，并于近年来逐步趋于稳定。如图 2 - 1 所示，2010～2014 年，肉类产量从 7993.6 万吨增长至 8817.9 万吨，增长率达 10.3%，但这几年肉类的年增长率波动较大。2015～2018 年，年产量趋于平稳，增长率波动较低，维持在 8650 万吨左右。2019 年，国内肉类总产量为 7758.8 万吨，同比下降 10.04%。国内肉类 2019 年产量下降，主要是受猪肉产量影响，2019 年国内猪肉产量为 4255 万吨，同比下降 21.25%。

2. 需求规模

近年来，我国人均肉类消费量呈现逐步上升的趋势，在 2019 年有较大幅度下滑。如图 2 - 2 所示，人均肉类消费量从 2014 年的 25.6 千克增长为 2018 年的 29.5 千克，增长率达 15.2%。其中 2016 年人均肉类消费量有小幅下跌，2017 年与 2018 年逐步上升，其中 2018 年增长率达到 10.49%，但 2019 年下降了 8.81%，达到 26.9 千克。短期内，由于生猪出栏量难以快速恢复，需求继续受制于猪肉价格。但长期来看，随着国民消费能力的提高，预计猪肉消费总量仍将逐步增长。

图 2 - 1　2010～2019 年肉类产量及增长率

资料来源：历年《中国统计年鉴》。

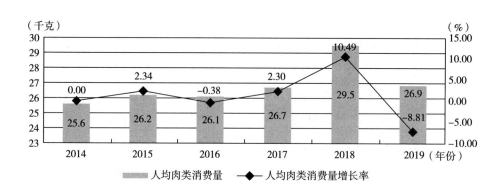

图 2 - 2　2014～2019 年人均肉类消费量及增长率

资料来源：历年《中国统计年鉴》。

3. 价格

本报告以 2009 年价格指数为基数，根据《中国统计年鉴》数据，计算得出畜牧业生产者价格指数的变化情况。从图 2 - 3 中可以看出，截至 2019 年，我国畜牧业生产者价格指数总体呈现先下降后上升趋势，经历了 2011 年的大幅度增

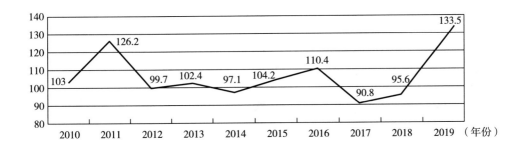

长后，2018 年前生产者价格指数变化趋于平缓，在 100 左右波动，但在 2019 年再次出现大幅度上升，达到 133.5。

图 2 - 3　2010～2019 年畜牧业生产者价格指数（上年 = 100）

资料来源：根据历年《中国统计年鉴》计算。

根据以上总结，截至 2018 年，我国肉类总体消费需求逐步提高。在供给总量增长放缓逐步趋于稳定的情况下，价格稳中有降。但 2019 年肉类总体需求出现下降，并且价格出现大幅度上升。

（二）结构

1. 城乡结构

如图 2 - 4 所示，我国城镇和农村居民人均肉类消费量均逐步提高，城镇居民人均肉类消费量显著大于农村居民。但在消费量增长率方面，农村居民人均肉类消费量增长更快。2013～2018 年，城镇居民人均肉类消费量从 28.5 千克增长到 31.2 千克，增长率为 9.5%；农村居民人均肉类消费量从 22.4 千克增长到 27.5 千克，增长率达到 22.8%，其中 2018 年增长幅度较大，达到 16.5%。但城镇和农村居民人均肉类消费量在 2019 年均出现较大幅度的下滑，分别降至 28.7 千克与 24.7 千克。

2. 品类结构

根据历年《中国统计年鉴》数据，我国肉类产量中超过 75% 为猪牛羊肉。比较图 2 - 5 和图 2 - 1，猪牛羊肉产量和肉类总产量变化趋势相似，除了 2019

年，均呈逐步增长态势，在2014年达到产量峰值后趋于稳定。其中2014年前肉类总产量增长率波动幅度要大于猪牛羊肉产量增长率波动幅度，但近几年猪牛羊肉产量增长率波动幅度更大。

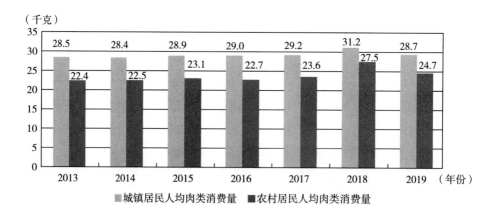

图2-4　2013～2019年城镇与农村居民人均肉类消费量

资料来源：历年《中国统计年鉴》。

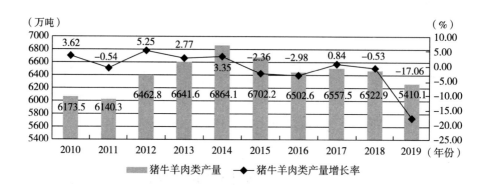

图2-5　2010～2019年猪牛羊肉类产量及增长率

资料来源：历年《中国统计年鉴》。

猪牛羊肉分品类产量方面，如图2-6所示，猪肉产量最高，年均产量达到5333.5万吨；其次为牛肉，年均达到626.3万吨；羊肉年均为438万吨。比较三种肉类，牛肉产量波动较为平缓，且逐步上升。2019年国内牛肉产量为667.3万吨，同比增长3.6%；羊肉产量稳步提高，国内羊肉产量为487.5万吨，同比增长2.7%，相较于2010年增长率达到20.1%；猪肉产量波动幅度较大，在2015年达到产量峰值后逐年下降，虽然在2017年和2018年趋于稳定，但在2019年出现了21.3%的大幅度下降，仅有4255.3万吨。

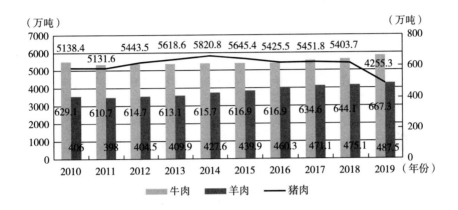

图2-6　2011~2019年猪牛羊肉产量

资料来源：历年《中国统计年鉴》。

人均消费量方面，如图2-7所示，猪肉仍占据绝大比重，2018年大幅增长，达到22.8千克，增长率为13.4%，但在2019年出现大幅度下降，降为20.3千克；牛肉消费逐年增长，从2013年的1.5千克增长到2019年的2.2千克，增长率达到46.7%；羊肉消费方面，2013年后消费量稳步提高，2016年达到峰值1.5千克后，有所回落，整体处于平稳趋势。猪肉消费的降低，刺激了我国牛肉消费量的增长，2019年的增速和增量均达到近三年来最大值。

价格方面，如图2-8所示，生猪价格波动幅度较大，活牛与活羊价格波动较为平缓，且生猪与活牛、活羊价格变动在2012年后呈相反趋势。2012年前，三者变动趋势相同，均处于增长阶段；2012~2014年，生猪价格有较大幅度的下降，活牛和活羊价格则稳步提高；2014~2016年，生猪价格再次提高，活牛与活羊价格则逐渐下降；2017~2018年，生猪价格再次大幅下降，活牛和活羊价格稳步提高；2019年，生猪价格大幅上升，活牛和活羊价格也有一定程度的提高。

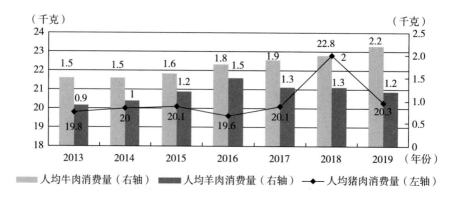

图 2 - 7　2013 ~ 2019 年人均猪牛羊肉消费量

资料来源：历年《中国统计年鉴》。

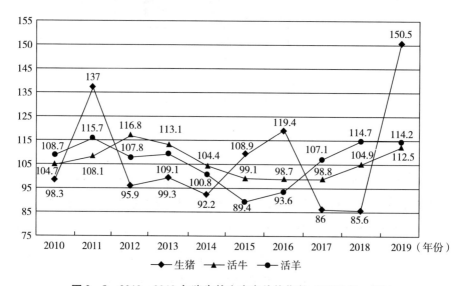

图 2 - 8　2010 ~ 2019 年猪牛羊生产者价格指数（2009 年 = 100）

资料来源：历年《中国统计年鉴》。

　　根据以上总结，我国肉类消费中，猪肉占据最重要地位，猪肉供应量和需求量影响肉类整体的供应和需求数量。牛肉和羊肉消费虽然与猪肉消费差距较大，但也是消费者肉类消费的重要组成部分，其中，牛肉需求量稳步提升，羊肉略有波动但消费量有一定增加。价格方面，活牛与活羊有一定波动，但幅度较低，牛羊肉消费市场较为稳定；生猪价格则波动较大，不利于猪肉消费市场的稳定。

（三）国际比较

猪肉仍是全球产销量最大的肉类品种，根据美国农业部数据，全球产销量近年来一直保持在 11000 万吨以上。以 2018 年为例，全球猪肉生产量达到 11308 万吨，消费量为 11247 万吨。中国是猪肉产销量最大的国家，产量达到 5403 万吨，占据全球产量的 47.8%；消费量达到 5595 万吨，占据全球消费量的 49.7%。欧盟的猪肉产量为 2430 万吨，消费量为 2138 万吨。美国猪肉生产量大于消费量，分别为 1194 万吨和 975 万吨。其余猪肉生产和消费大国如巴西、日本、俄罗斯等，其生产和消费数量在 300 万吨左右。

牛肉和羊肉消费量比猪肉低，全球牛肉产量和消费量均在 6000 万吨左右。2018 年，全球牛肉产量为 6288 万吨，消费量为 6027 万吨。其中美国为生产和消费牛肉数量最大的国家，分别为 1229 万吨和 1221 万吨；欧盟的牛肉生产和消费量达到 792 万吨和 794 万吨。以上两个国家基本达到生产和消费平衡。中国牛肉的消费量大于生产量，分别为 791 万吨和 644 万吨；巴西牛肉消费量则小于生产量，分别为 785 万吨和 990 万吨；印度牛肉的生产量和消费量分别为 430 万吨和 264 万吨。全球羊肉的消费量为 1500 万吨左右，其中中国生产羊肉超过 400 万吨，消费量达到 500 万吨。

综上所述，在全球肉类消费结构中，由于我国猪肉产量和消费量巨大，猪肉仍是最主要的肉类品种；其次是牛肉，牛肉消费地主要集中在美国和欧盟，牛肉产量较高的地区包括欧美、中国、巴西和印度等；羊肉生产和消费量在三种肉类中最低，中国生产和消费量较高。中国的牛羊肉生产均存在较大缺口，需要从部分国家进口，也因此在国际贸易争端过程中会产生相应的影响。

二、肉类消费的地区差异

本章通过比较我国 31 个省份的猪肉、牛肉、羊肉的产量和人均消费数量，分析我国肉类消费的省份差异，由于 2019 年受非洲猪瘟、蝗虫灾害和中美贸易争端的影响，以猪肉为主的肉类生产和消费与往年偏差较大，不宜反映一段时期内的肉类消费地区差异，本节采用《中国统计年鉴》（2019）的数据。对于各省份数据的整理，本节根据国家统计局对于东、中、西、东北地区的划分标准，将相同地区的省份排列在相近位置。图 2 - 9、图 2 - 10、图 2 - 11 从左到右分别是东部地区、东北部地区、西部地区、中部地区的各个省份。

（一）猪肉消费

如图 2 - 9 所示，猪肉生产遍布各个地区，分布在东、西、中部地区的省份猪肉生产量较大，均超过 250 万吨。2018 年，山东、四川、河南三省为猪肉生产量最大的三个省份，分别达到 421 万吨、481 万吨与 479 万吨。猪肉产量较高的省份都是农业大省，种植业和养殖业发达。

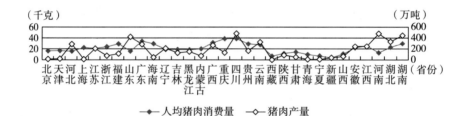

图 2 - 9　2018 年各省份猪肉生产和消费数量

资料来源：《中国统计年鉴》（2019）。

猪肉产量较低的省份包括北京、天津、上海、西藏、青海、宁夏等，其中西藏、青海和宁夏猪肉产量小于 10 万吨，北京和上海猪肉产量分别为 13.5 万吨和11.3 万吨，天津猪肉产量为 21.2 万吨。北京、上海等发达省份和地区第二、第三产业发达，能够进行养殖的土地、资源较少，因此猪肉产量较低；其他省份如西藏、青海和宁夏，出于当地环境和居民生活习惯等原因，生猪养殖较少，猪肉产量较低。

人均猪肉消费大省包括福建、广东、海南、广西、重庆、四川、贵州、云南、江西和湖南等。比较不同省份和地区的猪肉产量和消费量可以发现，相当部分省份和地区的猪肉产量和消费量趋势一致。即产量高，则人均消费量大；产量低，则人均消费量小。但河北、山东、河南等猪肉生产大省因其人口众多、猪肉外销等原因，人均消费量与产量相比较低；北京、天津、上海、海南、重庆等地区猪肉生产数量较低，但由于经济较为发达、旅游业发展较好、人民饮食习惯等，人均猪肉消费量较高。四川无论是产量还是消费量都位居全国前列。

（二）牛肉消费

如图 2-10 所示，各省份之间，牛肉的产量、消费量，较猪肉差异更大。牛肉产量方面，河北、山东、内蒙古等东、西部省份产量较大，分别达到56.5万吨、76.4万吨与61.4万吨；第二梯队的各个省份包括吉林、黑龙江、四川、云南、新疆和河南等省份，生产量在 45 万吨以下；东部经济发达省份如北京、天津、上海、江苏、福建、海南等省市，牛肉产量小于 5 万吨。内蒙古和新疆由于其地理环境优势，有利于牛、羊等牲畜的饲养，牛肉产量高于大部分省份。

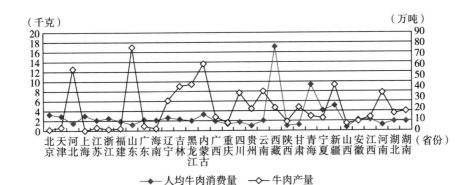

图 2-10 2018 年各省份牛肉生产和消费数量

资料来源：《中国统计年鉴》（2019）。

人均牛肉消费量方面，除了西藏、青海、宁夏和新疆外，全国其他省份人均牛肉消费量都不高，远小于猪肉，在2千克左右。西藏人均牛肉消费量达到17.9千克，青海为9.4千克，新疆为5.1千克，宁夏为4.1千克。以上省份由于生活习惯上对于猪肉消费较少，牛肉消费量高于其他省份。

（三）羊肉消费

如图2-11所示，羊肉的产量、消费量在各省份之间的差异也较大。内蒙古、新疆是羊肉生产大省，产量分别达到106.3万吨和59.4万吨；传统肉类生产大省如山东、河北、四川、河南等羊肉产量处于第二梯队，可达25万吨左右。与猪肉和牛肉类似，北京、天津、上海等发达省份的羊肉生产数量较少。

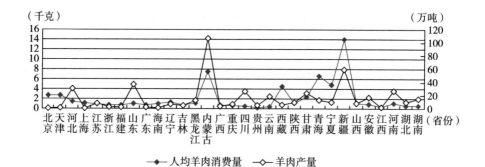

图2-11 2018年各省份羊肉生产和消费数量

资料来源：《中国统计年鉴》（2019）。

人均消费量方面，新疆的人均羊肉消费数量达到14千克，内蒙古、青海、西藏、宁夏的人均羊肉消费数量分别达到7.5千克、6.6千克、4.5千克和4.1千克。与猪肉消费数量相反，由于当地的风俗和饮食习惯，羊肉消费数量较高的区域大多集中在西部地区。

综上所述，我国猪肉、牛肉、羊肉的生产和消费各省差别较大，其中河北、山东、河南等对于各类肉产品都是生产大省，北京、上海等东部发达省市生产数量较低，但人均消费数量较高；内蒙古、西藏、陕西、新疆等省份对于猪牛羊肉的生产和消费数量差别较大，牛肉和羊肉在西部省份消费量更大。由于土地资源适合放牧，内蒙古、新疆等省份的牛羊肉产量较高。

三、社区生鲜超市肉类消费情况

本节基于中国消费大数据研究院的数据，重点分析肉类产品在我国社区生鲜超市的消费状况。依托中国消费大数据研究院的各社区生鲜超市合作单位，选取2019年1月到2020年7月的数据，分析其肉类销售额及其增长数据等指标，归纳我国社区生鲜超市消费状况。

（一）肉类销售额及增长率

如图2-12所示，新鲜/冷冻肉销售额波动明显。出于季节和传统节日原因，1月、2月为新鲜/冷冻肉销售旺季。2019年2月较1月相比增长率超过40%。

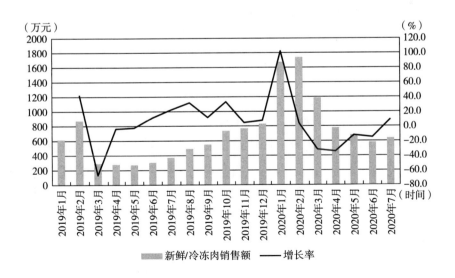

图2-12　新鲜/冷冻肉销售额及增长率（2019年1月至2020年7月）

资料来源：中国消费大数据研究院。

2020 年 1 月与 2019 年 12 月相比销售额增长超过 100%。从整体销售额来看，2020 年销售额较 2019 年销售额有较大幅度的增加。熟食腊味方面，如图 2-13 所示，熟食腊味销售额周期性同样明显。每年 1 月、2 月销售额较大，其他时间销售额逐渐下降，且在 3 月有较大幅度下降。2020 年 1 月销售额增长率达到 400%，2 月下降超过 50%。

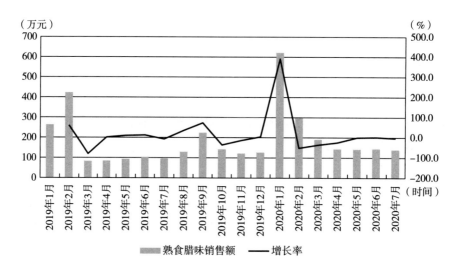

图 2-13 熟食腊肉销售额及增长率（2019 年 1 月至 2020 年 7 月）

资料来源：中国消费大数据研究院。

图 2-14 描述了肉类销售额 2020 年 1~7 月相较于 2019 年 1~7 月的同比增长率。从图中可以看出，除了 2 月熟食腊味销售额同比增长率为负外，其余所有指标均为正。虽然经历了疫情，肉类食品 2020 年销售额仍然明显大于 2019 年。从增长率来看，肉制品销售额的同比增长率维持在 50% 左右，熟食腊味的同比增长率在 3 月达到 125%，新鲜/冷冻肉销售额的同比增长率在 3 月超过 300%。在整体变化趋势方面，肉类销售额的同比增长率在 3 月达到高峰后逐月下降。

（二）肉类价格及变化率

本节根据农业农村部数据，绘制了猪肉、牛肉、羊肉的价格绝对值及其变化率示意图。如图 2-15 所示，猪肉价格在 19 个月内总体呈现逐步上升趋势。从

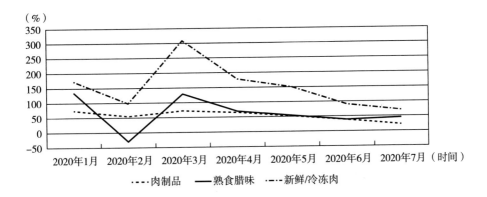

图 2 - 14 肉类销售额同比增长率

资料来源：中国消费大数据研究院。

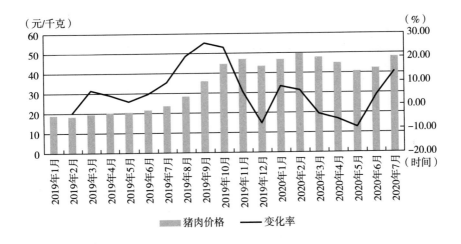

图 2 - 15 猪肉价格及变化率（2019 年 1 月至 2020 年 7 月）

资料来源：中国农业农村部数据。

2019 年初不到 20 元/千克达到 2020 年初的 50 元/千克，猪肉价格月度环比增长率最高时超过 20%。2020 年前 7 个月猪肉价格均超过 40 元/千克。如图 2 - 16 与图 2 - 17 所示，牛肉价格和羊肉价格较为稳定，月度变化范围在 5% 左右。其中牛肉价格从 2019 年的 60 元/千克上涨至 2020 年的 70 元/千克；羊肉价格整体增加幅度略大，2020 年各月价格达到 68 元/千克。整体来看，猪肉价格有较大幅度的上涨，牛肉和羊肉保持一定增长，但较为稳定，增长幅度较小。

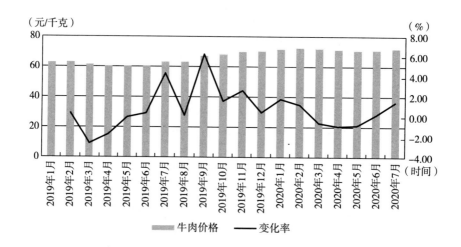

图 2-16　牛肉价格及变化率（2019 年 1 月至 2020 年 7 月）

资料来源：中国农业农村部数据。

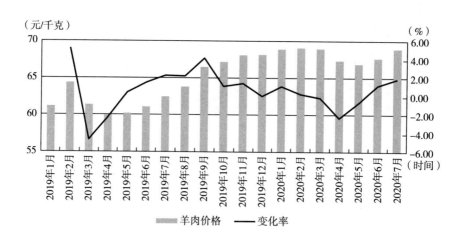

图 2-17　羊肉价格及变化率（2019 年 1 月至 2020 年 7 月）

资料来源：中国农业农村部数据。

图 2-18 描述了猪肉、牛肉和羊肉的 2020 年 1～7 月相比于 2019 年 1～7 月的同比增长率，其中，牛肉和羊肉价格的同比变化率绝对值在左侧坐标轴标出，

猪肉价格的同比变化率绝对值在右侧坐标轴标出。从图中可以看出，牛肉和羊肉价格在 2020 年 6 月、7 月的价格同比增长率降至 10%，已逐渐趋于稳定；猪肉价格同比变化率也趋于稳定，但 2020 年价格要高于 2019 年同期价格 100%，猪肉价格有较大的增幅。

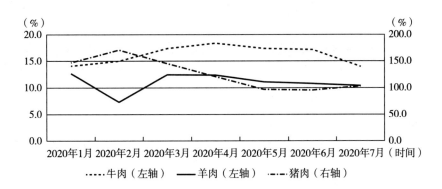

图 2-18 2020 年 1~7 月肉类价格同比变化率

资料来源：中国农业农村部数据。

四、肉类消费环境变化

（一）中美贸易争端

2018 年 3 月 23 日，美国总统特朗普签署总统备忘录，宣布将对从中国进口的商品大规模加征关税，涉及征税的中国商品规模可达 600 亿美元，并限制中国企业对美国的投资并购，并于 2018 年 4 月 4 日发布了加征关税的商品清单，主要覆盖了航空航天、信息通信技术和机械等部门。2018 年 3 月 23 日，中国商务部拟对价值 30 亿美元的美国产水果、猪肉、无缝钢管等 100 多种商品征收关税。2018 年 4 月 4 日，经国务院批准，国务院关税税则委员会决定对原产于美国的大豆、汽车、化工品等 14 类商品加征关税。

中美贸易争端发生以来，我国发布了多项决议对原产于美国的肉类和肉制品增加关税。商务部 2018 年第 34 号公告决定对原产于美国的猪肉增加关税；国务院关税税则委员会 2018 年 5 号公告决定对原产于美国的牛肉、猪肉等产品增加关税；2019 年 4 号、5 号公告决定对原产于美国的猪、牛、羊等肉制品增加关税。

中美贸易争端对中国的肉制品进口产生了负面影响，关税的增加使肉类产品进口商进货成本增加，在一定程度上影响了国内肉类产品的价格。但是，以猪肉为例，根据美国农业部数据，中国 2018 年猪肉产量达到 5403.7 万吨，猪肉消费量为 5595 万吨，同期美国的产量和消费量分别为 1194.2 万吨和 974.9 万吨。我国的猪肉缺口较小，占比为 3.5%，从第三方国家进口可以满足需求；牛肉方面，中国 2018 年牛肉产量达到 644.1 万吨，消费量为 791 万吨，虽然需要进口，但美国的牛肉产量和消费量分别达到 1228.6 万吨和 1220.6 万吨，显然对美国关税的征收不会对牛肉价格产生影响。同时，2019 年第三季度，中美逐渐公布加征关税商品排除清单。2020 年 1 月 15 日，中美签署第一阶段经贸协议，贸易争端暂时结束。

综上分析可知，虽然猪肉进口会受到一定影响，但中美贸易争端对我国肉类产品的整体影响较小。

（二）非洲猪瘟

非洲猪瘟是由非洲猪瘟病毒感染家猪和各种野猪而引起的一种急性、出血性、烈性传染病，具有传播速度快、发病过程短、致死率高的特点。中国在 2018 年 8 月 3 日确诊首例非洲猪瘟疫情，随后疫情逐渐扩散到全国大部分地区。其在发病后通常不进行治疗，而是采取紧急封锁隔离措施，并进行严格的扑杀卫生处理。

根据中国农业农村部数据，中国确诊发生第一例非洲猪瘟疫情至今，全国共报告发生了 162 起非洲猪瘟疫情，扑杀近 120 万头染疫生猪。2019 年全年，全国共报告发生了 63 起非洲猪瘟疫情，扑杀生猪 39 万头。供应量的减少，使我国猪肉产品的价格出现了较大幅度的增长。

如图 2 - 19 所示，2018 年 9 月到 2020 年 3 月，我国猪肉批发价格产生较大增长，增长率达到 141%。生猪数量减少对价格造成的影响于 2019 年 6 月后开始显现。2019 年 9 月猪肉价格相较于同年 6 月增长 78.1%，之后虽然增长率有所回落，但猪肉价格仍继续保持大幅度增长。虽然猪肉价格的增长是多方因素叠加造成的，但非洲猪瘟疫情的暴发，是其中的重要因素。

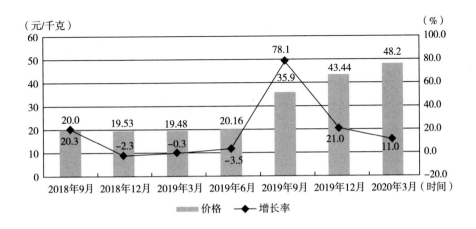

图 2 - 19　我国猪肉价格及增长率

资料来源：中国农业农村部数据。

（三）蝗虫灾害对肉类价格的影响

早在 2019 年年中，也门等地就已经出现大量沙漠蝗虫。到 10 月，沙漠蝗虫在北非地区泛滥成灾并迅速蔓延。截至 2020 年 12 月底，近 3600 亿只蝗虫摧毁了索马里和埃塞俄比亚 17.5 万英亩农田。其中，已有近 400 亿只蝗虫到达与中国接壤的国家印度和巴基斯坦，并有不断向东北部蔓延的趋势。

肉畜养殖的饲料原料很大一部分来自于农作物。猪饲料通常是由蛋白质饲料、能量饲料、粗饲料、矿物质饲料和饲料添加剂组成。植物性蛋白质饲料有豆类籽实（如大豆、蚕豆、小豆等）及其加工副产品、谷物加工和油饼（如菜籽饼、棉籽饼、大豆饼、芝麻饼等）等。谷实类能量饲料包括玉米、稻谷、大麦、谷子、高粱、荞麦、稗子等。羊饲料和牛饲料的常见原料也与农作物息息相关，包括饼粕类（豆科植物的籽实经过加工后的产品）、糟渣类（禾谷类籽实及豆科籽实加工后的副产品）和能量饲料（禾谷类籽实和糠麸）。蝗灾的袭击导致农作物产量大幅减少，进而影响肉畜的喂养饲料价格，这可能会在一定程度上导致肉类的产量降低，价格的增长。

据农业农村部畜牧兽医局数据，受蝗灾的影响，2020 年 7 月生猪的配合饲料集市价已经达到 3.16 元/千克，相较蝗灾发生前的 2019 年 4 月的 2.97 元/千克增长 6.4%。相应的猪牛羊肉的价格也开始上涨。猪肉的价格在 8 月涨至 48.42 元/千克，牛肉价格已涨至 72.81 元/千克，羊肉价格已涨至 70.59 元/千克。如果蝗灾不能得到有效控制，肉类价格未来还会有上涨的趋势。

五、肉类消费的趋势

（一）渠道变化

随着国家经济的迅速发展和家庭收入水平的提高，我国居民对肉类的消费量不断提高。2018 年的人均肉类消费量为 29.5 千克，人均肉类消费量增长率为 10.49%。肉类购买地点影响居民对肉类的消费，我国居民购买肉类的传统渠道是农贸市场。随着人们对食品安全和身体健康的重视，居民越来越倾向于去大型超市或者品牌肉类专营店或者连锁店消费肉类食品。

2020 年伊始，新型冠状病毒引发的肺炎疫情暴发。在全民"以不动应万变"的日子里，社区超市、生鲜电商成为许多人购买肉类产品的根据地。盒马鲜生、京东生鲜、每日优鲜等生鲜电商都出现了订单猛涨的情况，消费者对在京东生鲜购买的猪肉类食品好评率高达 89.9%。在牛肉方面，2020 年初，拼多多联合伊赛牛肉品牌店开展牛肉的线上销售，伊赛牛肉借助新电商的机遇，销售额达到千万级。可见，在生鲜电商上购买肉类食品将会成为一股新的消费潮流。

除了在线上购买肉类食品，居民为了省时省力会选择在社区超市选购。社区超市以贴近用户的日常生活场景，且大多是聚焦家庭型客群的优势，充分利用了与消费者距离较近的优势，为居民提供了更有价值的商品和服务。加之城镇居民工作压力大、闲暇时间短等因素，人们的活动逐步从公众场合"转移"至社区，社区超市逐步成为居民肉类的主要消费点。

（二）品级变化

1. 产品属性偏好

随着社会经济的发展，人民生活水平不断提高，消费者关注的不再是"吃得多"的问题，而是"吃得好、吃得健康"的问题。随着牛、羊、禽等肉类供给的增加，消费者在肉类消费中拥有了更多选择，对肉类的需求多样化和品质化的趋势越来越显著。

随着消费结构、观念的变化，我国居民对肉类消费的品级有了一个整体的提升。首先，猪肉消费发生变化：冷鲜猪肉消费比例将显著上升；对猪肉加工制品的需求增加；黑猪等地方特色猪肉消费增长。其次，我国对营养价值更高的羊肉消费量不断增加，肉羊品种数量和质量都有所提升，先后培育了巴美肉羊、昭乌达肉羊、南江黄羊等九个肉用绵、山羊品种。虽然羊肉消费量和占肉类消费的比例不高，且近年来羊肉价格上涨过快而抑制了需求，但羊肉作为肉类食品中的"贵族"，目前占城乡居民肉食消费的比例约为 5.00%，具有巨大的增长潜力，未来羊肉的消费总量仍会稳步提升。最后，近几年我国的牛肉消费量高速增长，已跃居全球第二。城乡居民消费能力的增强，食物消费观念的转变，正让牛肉在国民日常饮食中越来越常见。

2. 产品包装偏好

在肉类产品包装方面，消费者对产品外在要求并不是很高，更倾向于简易包装，而且猪牛羊肉大多采用散装销售。然而在过年过节时，礼盒装熟食生鲜往往受到消费者的偏爱，几乎在各种规模的超市商店里都可以看见。人们通常会买来赠送亲朋好友。2020 年 1 月，礼盒装熟食生鲜的环比增长率为 288.54%，同比增长率为 82.54%。

受疫情影响，市场监管总局发文要求散装直接入口食品使用加盖或密闭容器盛放销售，采取相关措施避免人员直接接触食品。销售散装食品，应当佩戴手套和口罩；销售冷藏冷冻食品，要确保食品持续处于保障质量安全的温度环境。出于特殊时期对食品安全的格外重视，消费者在非包装类的敞开式、暴露产品上的消费有所减少。而对于猪牛羊肉加工而成的密封式产品的消费数量不断增加，可能是因为人们出于对疫情的恐慌，认为密封包装食品相比于散装食品携带新冠肺炎病毒的可能性更小。2020 年 3 ~ 7 月，密封式肉类加工产品销售额不断下降，可能是因为一方面随着疫情防控形势的好转，人们减少了对密封食品的购买，另一方面，由于之前囤积了一部分密封食品，需求也减弱。

（三）原产国变化

1. 猪肉

我国虽然是猪肉生产大国，但仍存在需求缺口。2019 年中国进口猪肉 199 万吨，同比增长 67%，主要来自西班牙、德国、美国、巴西、加拿大、丹麦、荷兰、法国、智利和英国。其中，"欧盟 + 英国"累计对华出口猪肉 126 万吨，较上年增长 68%，占总进口量的 63%，占比与上年基本持平。美国对华出口猪肉 24.5 万吨，较上年增长 186%，占比 12.3%，较上年提高 5.1 个百分点。南美对华出口猪肉累计 30 万吨，较上年增长 56%，占比 15.2%，比重较上年下降 1.1 个百分点。据海关统计，2020 年 1 ~ 3 月中国进口猪肉及猪杂碎共 122 万吨，同比增长 1.2 倍。其中，猪肉进口量总计 92.8 万吨，增幅为 1.8 倍。

2. 牛肉

牛肉的主要生产国为巴西、印度、澳大利亚、美国、中国和新西兰，除中国外，其他国家都是牛肉出口大国。中国既是牛肉生产大国又是牛肉消费大国。2009 年我国仅从澳大利亚、乌拉圭、巴西和新西兰四个国家进口牛肉，而至 2018 已增至 19 个牛肉进口来源国（地区）。

我国牛肉进口市场集中在澳大利亚、乌拉圭、巴西、新西兰和阿根廷等国家。2009 年至 2012 年，澳大利亚、乌拉圭和巴西一直是我国牛肉进口量前三位的国家，但因疯牛病的暴发，我国于 2012 年 12 月宣布对巴西牛肉的进口实施禁令。因此在 2013～2015 年，除澳大利亚和乌拉圭稳居我国牛肉两大进口市场外，新西兰取代巴西成为我国第三大牛肉进口来源国。直至 2015 年 5 月，巴西牛肉进口禁令解除，自 2016 年开始巴西牛肉进口量迅速攀升，甚至超越澳大利亚和乌拉圭的牛肉进口量，成为我国最大的牛肉进口国，而乌拉圭的牛肉进口也超越澳大利亚的牛肉进口，成为我国第二大牛肉进口国。在 2018 年，阿根廷的牛肉进口量也超越了澳大利亚，成为我国第三大牛肉进口国，由此可见，目前南美是我国牛肉进口的主要来源地。

六、小结

本章主要论述了肉类的消费情况。

首先，综合近年数据，肉类在供给方面稳中有增，并于近年来逐步趋于稳定。虽然有时会发生一些不可控的因素，但是受其影响也较小，基本处于可控范围之内；需求方面，我国消费者对于肉类的需求呈现逐步上升的趋势，这与经济水平的发展、人们营养意识的提升密切相关。而且人们对于肉类的质量也有了一定要求，偏向那些绿色无污染、功能性更高的肉类；价格方面，肉类的价格波动中总体趋于下降，但猪肉价格上升趋势明显。中美贸易争端对进口商品加征关税、非洲猪瘟使供应量减少、蝗虫灾害使饲养猪的成本上升，以及近些年人们消费水平提高增加了对猪肉的需求量均是诸如价格抬头的重要因素。

其次，在地区消费上，我国城镇和农村居民人均肉类消费量均逐步提高，城镇居民人均肉类消费量要显著大于农村居民。省份间生产和消费的差异较大，经济发达地区消费的肉类较多，但是西部地区由于自然及风俗等因素，也是牛羊肉的消费大省。在消费量增长率方面，农村居民人均肉类消费量增长更快。可见，农村市场的发展前景广阔。在品类结构中，我国肉类产量中超过 3/4 为猪牛羊肉。其中猪肉的产量最高，人们日常食用最多，牛肉和羊肉次之。受非洲猪瘟等因素的影响，猪肉近几年的价格波动较大，人们对其替代品牛羊肉的需求有所增长。在社区生鲜超市的销售方面，肉类的销售额呈现稳步增长的态势。整年中由于传统节日等原因，1、2月是肉类消费的旺季。近些年受益于互联网的快速发展，人们购买肉类的渠道也发生了一些变化。生鲜电商的发展使诸如盒马鲜生之类的平台迅速崛起，为消费者购买商品提供了便利。2020年初的疫情使人们不便出门更是促进了其发展。但传统的社区超市仍然是人们重要的购买地点。

总体来看，中国人口众多，但是我国居民对肉类的消费需求能得到有效满足，并且在供给质量上有所上升，人们购买的方式也更趋向于便捷化、智能化。

第三章

禽、蛋类消费

中国居民对禽、蛋类产品具有明显偏好，该类食品是餐桌上的必需品，也成为社区生鲜食品销售的主力。近年来，中国居民对禽、蛋类食品的消费逐年上升，并且对质量的要求越来越高，消费出现品级分化现象。

一、禽、蛋类消费概况

（一）规模

1. 供给规模

据国家统计局数据显示，我国禽肉和禽蛋生产在政策利好与疫病制约的综合作用下稳步发展，产量逐年增长。如图 3 - 1 所示，2012～2019 年，禽肉年产量从 1823 万吨增长到 2239 万吨，总增长率达 22.82%；除 2014 年增长率下降外，2015～2019 年，禽肉产量逐年增加，但年增长率波动较大。2019 年，禽肉产量达到 2239 万吨，较 2018 年大幅增长 12.29%。

图 3 - 1　2012～2019 年中国禽肉年产量及增长率

资料来源：国家统计局。

如图 3-2 所示，2012～2019 年，禽、蛋年产量从 2861 万吨增长到 3309 万吨，总增长率达 15.66%。2012～2016 年，禽、蛋年产量稳步增长，年增长率波动较大；2016～2019 年，禽、蛋年产量连续四年维持在 3000 万吨以上水平。2019 年，禽、蛋年产量达到 3309 万吨，较 2018 年增长 5.79%。

图 3-2　2012～2019 年中国禽、蛋年产量及增长率

资料来源：国家统计局。

2. 需求规模

据国家统计局数据显示，2017～2019 年中国禽肉需求量逐年增加，2018 年中国禽肉需求量为 1993 万吨，同比增长 5.39%；2019 年中国禽肉需求量为 2267 万吨，同比增长 13.75%（见图 3-3）。

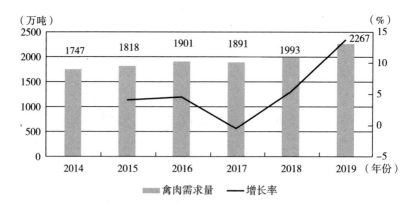

图 3-3　2014～2019 年中国禽肉需求量及增长率

资料来源：国家统计局。

如图 3-4 所示，2017~2019 年中国人均禽肉需求量也在逐年增加，2018 年中国人均禽肉需求量为 14.3 千克，同比增长 5.15%；2019 年中国人均禽肉需求量为 16.2 千克，同比增长 13.29%。

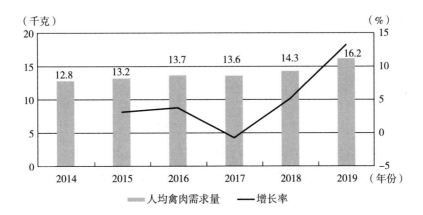

图 3-4　2014~2019 年中国人均禽肉需求量及增长率

资料来源：国家统计局。

近年来，我国人均禽、蛋类消费量呈现逐步上升的趋势。根据《中国统计年鉴》（2020）数据，如图 3-5 所示，人均禽类消费量从 2013 年的 7.2 千克增长

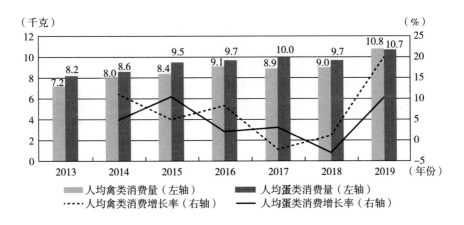

图 3-5　2013~2019 年中国人均禽类、蛋类消费量及增长率

资料来源：《中国统计年鉴》（2020）。

为 2019 年的 10.8 千克，增长率达 50%。其中，2017 年人均禽类消费量有小幅下跌，但 2018 年之后呈现上升趋势。人均蛋类消费量从 2013 年的 8.2 千克增长为 2019 年的 10.7 千克，增长率达 30.49%。其中，2013～2017 年人均蛋类消费量增长率略有浮动，但是整体呈现稳步上升的趋势。

（二）结构

1. 城乡结构

根据国家统计局发布的《中国统计年鉴》（2020）数据显示，2013～2018 年，我国人均禽、蛋类消费量均呈增长趋势。由图 3-6 可以看出，城镇居民的禽、蛋类消费与农村居民的禽、蛋类消费存在一定的差别。其中，农村居民人均禽类年消费量由 6.2 千克增长至 10 千克，增长率为 61.29%；人均蛋类年消费量由 7 千克增加至 9.6 千克，增长率为 37.14%，农村居民人均消费量低于全国人均消费水平；城镇居民人均禽类年消费量由 8.1 千克增长至 11.4 千克，增长率为 40.74%，人均蛋类年消费量由 9.4 千克增长至 11.5 千克，增长率为 22.34%，城镇居民人均消费量高于全国人均消费水平。2019 年，城乡居民在禽、蛋类方面的消费实现了双增长。

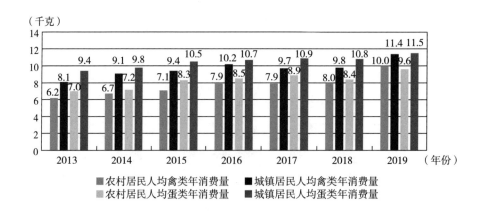

图 3-6　2013～2019 年城乡居民人均年禽、蛋类消费量

资料来源：《中国统计年鉴》（2020）。

整体来看，虽然城镇居民人均禽、蛋类消费量高于农村居民，但仍然明显低于全球平均水平，说明我国居民整体禽、蛋类消费量偏低，而且农村居民的人均消费量与城镇居民相比也具有一定差距，但农村居民的增长率显著高于城镇居民，显示了中国农村居民巨大的消费潜力。

2. 市场结构

（1）禽肉结构。近年来，中国居民的健康意识不断增强，白肉消费需求在所有肉类中的占比不断上升，家禽业保持着良好的发展势头，中国禽肉消费量逐步增加。

从终端消费来看，我国禽肉消费量已从 2000 年的 1200 万吨增加到 2018 年的 2000 万吨左右，占肉制品消费的比重从 2000 年的 19.8% 提升至 2018 年的 23.4%，禽肉已经成为我国肉制品消费中仅次于猪肉的第二大品类。

根据《中国统计年鉴》（2020），2019 年我国农村居民和城镇居民的肉类消费数据显示，我国农村居民猪牛羊肉的消费比例明显高于城镇居民。其中，农村居民猪牛羊肉消费量占肉类总消费量的 90.69%，城镇居民猪牛羊肉消费量占肉类总消费量的 85.71%。这说明了我国城镇居民、农村居民对于肉类的消费偏好具有一定的差异。农村居民对于禽肉的消费偏好低于城镇居民，这可能是由城镇居民、农村居民在健康意识以及消费习惯方面的差异导致的。随着我国城市化水平的稳步提升以及居民生活水平的提高，预计未来我国人均禽肉消费量有望继续上升。

（2）禽、蛋结构。我国禽、蛋消费主要以家庭消费为主，少部分用于户外消费和工业消费。户外消费主要是指在餐饮行业、企业、学校等组织机构中的鸡蛋消费；工业消费主要是指对鸡蛋进行初级或深加工等的鸡蛋消费。中国居民以鲜蛋消费为主，禽蛋鲜食需求旺盛，2019 年达到 2542 万吨，占总消费量的 77.1%，与上年相比增长 6.5%；其次是蛋品加工消费，占总消费量的 14.9%，达到了 491 万吨，与上年相比增长 1.7%；占比最低的是种用及其他，占总消费量的 8.0%，达到了 263 万吨，与上年相比增长 4.4%。

目前国内的蛋类加工品形式比较简单，主要是咸蛋、卤蛋、松花蛋等传统禽蛋加工风味蛋制品。这些蛋制品口味、包装较为单一，产品之间差异化不明显，创新性不足，致使消费人群不够普及。长期来看，随着人们生活水平的提高，消费需求的多样化，我国鸡蛋消费结构将进行升级改善。

（三）国际比较

根据联合国粮农组织的统计数据显示，畜牧业在 20 世纪 50 年代后发展迅速，世界各地区禽肉产量持续增长。近 50 年来，东亚在蛋产品领域的产量增速最为明显，促使中国成为蛋产品的生产大国。在欧美地区，肉类总消费量降低的前提下禽肉消费稳定增长，表现出红肉消费的减少和白肉消费的增加。禽肉年均消费量在全球各大洲均显示同样的增长趋势，说明在全球范围内消费者对禽肉需求的增长稳定可靠，仍然有巨大的市场空间去拓展。

根据图 3-7 可见，2019 年，美国为全球主要的鸡肉消费国，而中国、欧盟和巴西也是全球最重要的鸡肉消费市场。如图 3-8 所示，我国不仅是鸡肉消费大国，也是全球第二大鸡肉生产国，产量仅次于美国。鸡肉已成为我国保障和平衡肉类供应的主要产品，但是我国人均鸡肉消费量与发达国家和地区相比还存在较大差距。

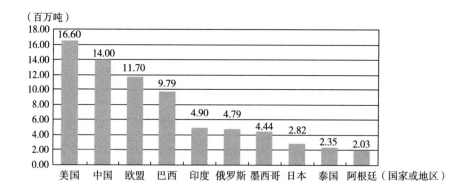

图 3-7 2019 年全球鸡肉消费前十的国家或地区

资料来源：根据公开资料整理。

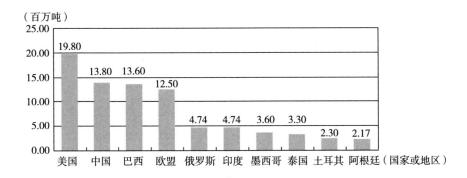

图 3 - 8　2019 年全球鸡肉生产前十的国家或地区

资料来源：根据公开资料整理。

二、禽、蛋类消费的地区差异

本章通过比较我国 31 个省份的禽类、蛋类的产量和人均消费数量，分析我国禽、蛋类消费的省份差异，数据来自《中国统计年鉴》（2020）。

根据《中国统计年鉴》（2020）数据显示，2019 年各地区居民家庭人均禽类、蛋类消费量差异较大。由图 3 - 9 和图 3 - 10 可知，全国居民平均家庭人均禽类和禽、蛋类消费量分别为 10.8 千克和 10.7 千克。广东、广西、海南三地 2019 年人均禽类消费量分别为 25.9 千克、24.8 千克、24.7 千克，位列全国居民家庭人均禽类消费量的前三。在一线城市北京，尽管居民收入水平、消费水平较高，但人均禽类消费量仅 6.5 千克，低于全国平均水平 10.8 千克。上海人均禽类、蛋类消费量均高于全国平均水平，且两者消费量相差无几。西部地区的陕西、甘肃、宁夏、青海、新疆、西藏人均禽类、蛋类消费量均远低于全国平均水平。此外，由于饮食习惯差异，天津、河北、山西、辽宁、吉林人均禽类消费量均低于全国平均水平，相反，这些地区的人均禽蛋类消费量均高于全国平均水平。

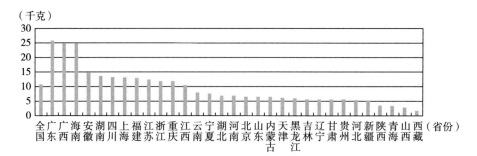

图 3 – 9　2019 年中国各地区居民人均禽类消费量

资料来源：《中国统计年鉴》（2020）。

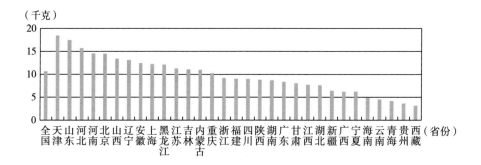

图 3 – 10　2019 年中国各地区居民人均禽蛋类消费量

资料来源：《中国统计年鉴》（2020）。

　　根据图 3 – 9 可知，山西、河北、辽宁、吉林、黑龙江等北方地区的禽类人均消费量明显低于全国平均水平，而广东、广西、海南、安徽、湖南等南方地区的禽类人均消费量明显高于全国平均水平。这体现出我国北方消费者与南方消费者在禽类消费上的显著差异，即南方消费者比北方消费者更喜食禽类。但也有个别省份的消费例外。例如，贵州虽然属于南方省份，但是禽类消费水平较低。另外，西藏、青海、陕西等西部地区的禽类消费量也处于较低水平，这主要与当地禽类的养殖相较于东部地区的适宜性更低有关。

　　在蛋类的消费方面，排名前五位的省份分别是天津、山东、河北、河南、北京，而蛋类消费最少的三个省份分别是西藏、贵州、青海，这些地区的蛋类消费较低与禽类养殖情况有关。其中，北京居民的人均禽肉类消费量低于全国平均水平，人均禽蛋类消费量则高于全国平均水平。

三、不同禽、蛋类的消费比较

中国禽、蛋类生产主要包括鸡蛋、鸭蛋、鹅蛋、鹌鹑蛋等；其中，鸡蛋约占禽蛋产量的85%（年产约2500万吨）；鸭蛋、鹅蛋、鹌鹑蛋等约占禽蛋产量的15%（年产约500万吨）。

（一）鸡肉、鸡蛋

近年来，鸡肉产量、消费量呈快速上升趋势。2019年全球鸡肉产量和消费量双双逼近1亿吨，并且产量可满足消费量的需求，可见鸡肉行业的产销衔接较好。

我国是鸡肉消费大国，1990~2000年，我国鸡肉消费量年复合增速达到14.59%。2000~2010年，鸡肉消费量增速有所放缓，年复合增速约为2.86%。2012~2019年，我国鸡肉消费量在1100万~1400万吨震荡（见图3-11）。

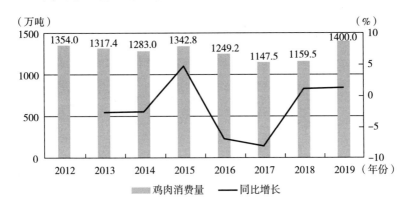

图3-11 2012~2019年中国鸡肉消费量及增速统计

资料来源：美国农业部（USDA）。

白羽肉鸡和黄羽肉鸡占我国鸡肉消费量的90%，其他肉鸡约占10%。我国鸡肉消费根据面向的市场不同，可以分为户内消费和户外消费两种。户外消费包括快餐消费、集团消费、部分食品加工消费；户内消费主要包括家庭消费和部分食品加工消费。据测算，我国户内白羽肉鸡人均消费量为1.43千克，约占户内鸡肉消费的25%，而黄羽鸡主要面向户内消费。

近年来，我国肉鸡行业基本摆脱H7N9流感疫情的影响，消费回升，产量及价格实现双增长，全产业链实现较好收益。2019年全年鸡肉价格处于上涨周期。从更长的时间区间看，此轮鸡肉涨价周期起于2018年8月，正是中国确诊首例非洲猪瘟疫情的月份，受非洲猪瘟对国内猪肉市场供需拉低效应的影响，肉鸡行业维持高景气发展。

根据图3-12，2012~2019年，我国鲜鸡蛋年产量总体上呈上升趋势，但在2017年和2018年有所回落，并在2019年表现出较高的增长趋势。2019年中国鲜鸡蛋产量为2813万吨，同比增长5.8%。

图3-12　2012~2019年鲜鸡蛋年产量及增长率

资料来源：中国农业农村部数据。

与肉鸡需求增长同步，2019年鸡蛋需求旺盛，有效拉动了鸡蛋价格，全年鸡蛋月均批发价、零售价分别达到9.2元/千克、10.7元/千克，比上年分别上涨7.7%、8.1%。9月鸡蛋批发价达到全年最高点11.34元/千克（见图3-13），10月鸡蛋零售价达到最高点12.5元/千克，与全年最低的鸡蛋月度价格相比

（2019 年 3 月），鸡蛋批发价和零售价上涨幅度分别为 62.8%、38.9%。

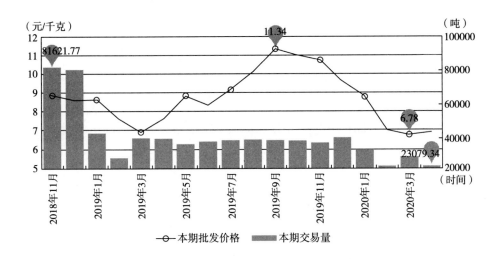

图 3-13 2018 年 11 月至 2020 年 3 月鸡蛋批发价格波动

资料来源：中国农业农村部数据。

（二）鸭肉、鸭蛋

中国水禽产业包括肉鸭、蛋鸭和肉鹅产业，每年为消费者提供安全、优质、健康鸭肉 700 万吨、鸭蛋 450 万吨、鹅肉 140 万吨，并为纺织工业提供 5 万吨的鸭鹅羽绒。

据世界粮农组织（FAO）提供的数据，2018 年中国肉鸭出栏量占世界肉鸭出栏量的 74.3%。2019 年我国肉鸭总产值为 1357.24 亿元，增速明显，同比增长 74.6%。鸭肉和鹅肉年产量超过 850 万吨，仅次于猪肉和鸡肉，约占我国肉类总产量的 10%、禽肉总产量的 40%。

在肉鸭出栏量方面，亚洲占比最大，约为 85%；其次是欧洲，约占 11%，按出栏只数和出栏重量排名，在全球肉鸭出栏量方面中国大陆都是第一。受非洲猪瘟疫情影响，2019 年我国肉类供应量偏紧。受替代效应影响，家禽产品价格上扬，家禽行业正在经历着几年不遇的好行情。

从水禽产品价格来看：

（1）活鸭方面：2019 年第一季度的肉毛鸭价格相对上一季度出现明显下滑，从 2018 年第四季度的 9.12 元/千克下滑到 7.90 元/千克，环比下降 13.29%，不过与 2018 年第一季度的 8 元/千克相比基本保持不变；第二季度环比上涨14.71%；第三季度环比小幅下降 0.58%；第四季度环比上涨 6.22%。2019 年全年肉毛鸭平均价格为 8.88 元/千克，较 2018 年的 8.30 元/千克略有上涨。

（2）鸭苗方面：2019 年第一季度，肉鸭鸭苗价格较上一季度出现明显下滑，从 2018 年第四季度的 6.27 元/羽下滑到 4.92 元/羽，环比下降 21.53%，但与过去三年同期相比仍具有巨大优势。第二季度鸭苗价格环比上涨 9.75%；第三季度环比下降 5.06%；第四季度环比上涨 10.27%。2019 年全年鸭苗平均价格为5.28 元/羽，较 2018 年的 4.19 元/羽有明显上涨。

（3）鸭蛋方面：2019 年第一季度鸭蛋平均价格为 11.97 元/千克，环比下降11.25%，但与 2018 年同期相比上涨 5.84%；第二季度环比下降 3.82%，同比下降 5.32%；第三季度环比上涨 1.90%，同比下降 14.64%；第四季度环比上涨2.98%，同比下降 10.42%。2019 年全年鸭蛋平均价格为 11.83 元/千克，低于2018 年（12.68 元/千克）的整体价格水平。2018 年 11 月至 2020 年 3 月鸭蛋批发价格波动如图 3－14 所示。

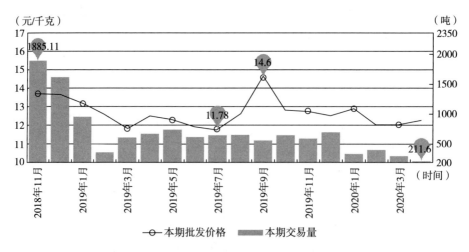

图 3－14　2018 年 11 月至 2020 年 3 月鸭蛋批发价格波动

资料来源：中国农业农村部数据。

（三）其他禽类肉、蛋

1. 水禽——鹅

2019 年世界肉鹅出栏量约 7. 24 亿只，与 2018 年相比稳中有升。其中，亚洲约占 96%，欧洲约占 2.3%，美洲与非洲约占 1.7%。中国是世界肉鹅出栏量最多的国家，其次是波兰、埃及和匈牙利。

2019 年第一季度活鹅平均价格为 26. 14 元/千克，环比下降 3.92%，但与 2018 年同期相比上涨 9.54%；第二季度环比下降 2.23%，同比上涨 3.83%；第三季度环比上涨 7.66%，同比上涨 10.92%；第四季度环比上涨 2.16%，同比上涨 3.32%。2019 年全年活鹅平均价格为 26. 82 元/千克，相比 2018 年的 25. 12 元/千克整体价格水平略有上升。

2. 特禽

特禽种类主要有鸽、鹌鹑、鹧鸪、绿头鸭、雉鸡、火鸡等。我国特禽出栏总量达 10 亿只以上。目前养殖量比较多的有 12 种，7 种为可食用特禽，5 种为非食用特禽。其中，肉鸽、鹌鹑、家养雉鸡、美国鹧鸪、火鸡、珍珠鸡、绿头鸭这 7 种在我国的养殖量比较大，它们均属于可食用的特禽。鸵鸟、鸸鹋、大雁、蓝孔雀、黑天鹅这 5 种特禽属于非食用的特禽，养殖量有限，并且不在禽类消费范畴。特禽养殖自 20 世纪 80 年代开始在我国兴起，特禽养殖场和养殖规模在不断增加和扩大。近些年，这些特禽大类养殖技术比较成熟，已经形成规模化产业。

（1）肉鸽。主要用途为肉用。我国养鸽历史悠久，据史料查证已有 2500 多年。全国肉鸽（乳鸽）生产规模和市场消费量已达 7.6 亿只以上，总产值破 100 亿元大关，居全世界首位，是我国仅次于鸡、鸭、鹅的第四大养殖禽类，因养殖量太大，有时也被归类于家禽范畴。

（2）鹌鹑。主要用途为蛋用和肉用。我国养殖的品种主要有蛋用的日本鹌鹑、朝鲜鹌鹑，以及肉用的法国鹌鹑。我国的鹌鹑饲养规模已达存栏 3.5 亿只以上，占世界总量的 35%，居于首位。

（3）家养雉鸡。主要用途为肉用。我国家养雉鸡资源丰富，主要有河北亚种雉鸡、左家雉鸡、中国环颈雉（美国七彩雉鸡）、黑化雉鸡、白雉鸡等。目前我国雉鸡饲养量已达90余万只，年生产商品苗已突破8000万只。不仅满足了国内需要，还成为很受欢迎的出口产品。

（4）美国鹧鸪（石鸡）。主要用途为肉用。20世纪30年代从美国引进，实际称为石鸡，大小如肉鸽，分布在我国的云南、贵州、广东、广西、海南、福建、浙江、安徽、新疆、甘肃等省份山区，广东饲养量最多。石鸡的年出栏量在1亿只左右。

（5）火鸡。主要用途为肉用。欧美一些国家用火鸡肉来代替牛羊肉和猪肉，目前世界家禽饲养量中，火鸡饲养量已达3亿只以上，国外养殖量仅次于肉鸡。我国现有火鸡养殖量在500万只以上，饲养农户在1万户以上。

（6）珍珠鸡。主要用途为肉用和蛋用。目前我国珍珠鸡种鸡存栏量为20万只，年产商品珍珠鸡2000万只。除了食用之外，它还可以作为北方草原灭蝗虫的极佳禽类，曾经在新疆、内蒙古一带被用于灭蝗。

（7）绿头鸭。主要用途为肉用。20世纪80年代开始，我国先后从德国和美国引进数批绿头野鸭，已遍布南方地区养殖。广东、江苏、浙江、安徽和江西等省饲养较多，而且全国各地都有饲养，年生产规模和消费量达2亿只左右，仅次于肉鸽和鹌鹑。

（8）鸵鸟。主要用途为蛋用，也可以用于观赏。因鸵鸟蛋大而壳厚，也用于制作工艺品。鸵鸟是目前世界上最大的两趾鸟类，我国从20世纪80年代开始，从国外引进非洲黑鸵鸟、蓝颈和红颈鸵鸟等多个品种饲养，主要分布在广东、河北、北京等地，全国总量在10万只左右。

（9）大雁。主要用途为肉用，也可以用于观赏。近年来，国内人工驯养繁育饲养比较普遍，以肉用为主，发展势头迅猛而强劲，每年以20%的速度发展。

四、禽、蛋类消费环境变化

（一）中美贸易争端

中美第一次鸡肉贸易争端始于 2004 年，到 2013 年 8 月 2 日，世界贸易组织（WTO）裁定中国向美国鸡肉征收反倾销关税违反世界贸易规则，美国赢得了这次贸易争端，但大部分中国家禽养殖企业并没有对此做出明显的反应，主要原因在于中国每年进口美国冻鸡肉所占比例不大。同时，中国进口美国的鸡肉产品以"鸡翅、鸡爪、鸡腿"等副产品为主。

从全球范围看，贸易争端在 2019 年更加剧烈。就家禽产业而言，禽肉贸易受到的冲击更大。随着中国取消对法国、美国家禽进口禁令，俄罗斯禁止进口欧盟和美国的禽类产品，加上英国脱欧演变、南非鼓励国内禽肉生产以及乌克兰禽肉产能扩张和对出口贸易的持续发力，全球禽肉贸易正在发生深刻演变。

（二）禽流感

禽流感（Avian Influenza, AI）是由禽流感病毒（Avian Influenza Virus, AIV）引起的严重危害蛋鸡业发展的最重要疾病之一。通过全球流行病和流动模型 GLEAM 的测算，中国目前仍处在流感疫区，禽流感问题是我国家禽业面临的最严峻的考验，严重影响我国家禽出口。

据世界动物卫生组织（OIE）发布的数据显示，2019 年（从 1 月 1 日到 11 月 15 日）全球共有 16 个国家和地区报告新发生 174 起家禽感染高致病禽流感病毒（HPAIV）疫情，新发区域和次数（2018 年全年 26 个国家和地区和新发 371 起 HPAIV 疫情）均出现明显减少趋势，但在北美洲的发生次数明显上升。从区域来看，中国台湾、墨西哥、尼泊尔、伊朗、尼日利亚、南非、越南、保加利亚、中国、印度新发 HPAIV 的次数排在 2019 年全球新发 HPAIV 疫情前 10 位，中国的位次从 2018 年的第 8 位下降到第 9 位，新发 HPAIV 疫情次数较 2018 年的 13 起减少到 10 起。

从 2020 年 1 月 8 日开始，1 月 16 日、20 日和 21 日新疆连发四起野生天鹅 H5N6 亚型高致病性禽流感，在还未引起养殖户重视的时候，2 月 1 日湖南邵阳发生一起家禽 H5N1 亚型高致病性禽流感。禽流感疫情发生后，当地按照有关预案和防治技术规范要求切实做好疫情处置工作，已扑杀家禽 17828 只，全部病死和扑杀家禽均已无害化处理。禽流感的防治成为影响家禽养殖和禽肉供给的重要影响因素。

（三）其他影响

1. 非洲猪瘟

2018 年 8 月以来，国内非洲猪瘟疫情暴发，猪肉供给受到较大影响，国内肉鸡消费市场景气度随之上升。2018 年畜禽产品交易量达 1.94 万吨，较 2017 年增长 14.77%，较 2013 年增长 21.05%。随着生猪价格不断上涨，将继续刺激鸡肉消费需求释放。2019 年 10 月受猪肉价格暴涨的影响，肉类蛋类价格飞升，也带动鸡蛋现货价格不断走强，屡创历史新高。2019 年 11 月，国内猪肉现货价格回调较多，鸡蛋和淘汰鸡（淘汰鸡是指养鸡场筛选下来的，在一定的年龄达不到一定标准而被淘汰掉的鸡）价格双双回落。受猪肉价格上涨影响，猪肉消费减少，禽肉消费明显增加。在非洲猪瘟疫情的影响下，禽肉对猪肉消费的替代效应显现，肉类消费结构发生转变，猪肉消费比重下降，禽肉消费比重上升。此外，随着经济发展，新一代消费者的崛起，快餐、功能、休闲等多元化的禽肉产品消费也增加。

2. 沙门氏菌和新城疫

2019 年，美国、加拿大、丹麦、比利时、澳大利亚、中国香港 6 个国家和地区报告当地发生与家禽养殖及禽类产品（食品）有关的（疑似）沙门氏菌感染事件，发生次数和发生区域较 2018 年均出现明显减少的趋势。据美国疾病控制和预防中心（CDC）数据显示，截至 2019 年 10 月 22 日，美国共发生 10 起（2018 年发生 17 起）人感染沙门氏菌事件，2 起（2018 年发生 7 起）与家禽产业链有关。此外，比利时一所学校在 2019 年 9 月发生沙门氏菌疫情，导致近 200 名师生患病；澳大利亚、丹麦和中国香港陆续查出致病原沙门氏菌。

新城疫是由新城疫病毒引起禽的一种急性、热性、败血性和高度接触性传染病，具有很高的发病率和病死率，是危害养禽业的一种主要传染病。据世界动物卫生组织（OIE）公布的数据显示，截至 2018 年 11 月 5 日，全球 9 个国家共发生 58 起新城疫疫情，造成易感家禽 472 万只，感染家禽近 4 万只，死亡家禽近 2 万只，扑杀处理 25 万只，屠宰 31 万只。

3. 新冠肺炎疫情

2020 年新冠肺炎疫情初期，产业面临雏苗销售、饲料保障、毛鸡压栏等突出困难，损失惨重。随着各项政策出台，形势快速好转，3 月初种蛋孵化，雏苗投放已基本恢复正常。虽然产能损失一部分，但产业经历 2018~2019 年连续两年盈利，种鸡存栏处于高位，产能在满足产业链需求之后，还有很多富余。肉鸡产业供给侧从疫情中恢复之后，由于禽产品需求减少，3、4 月企业普遍面临着禽产品积压、活禽价格降低等问题，上半年肉鸡产业效益大幅度缩水。在疫情防控的影响下，未来活禽交易还会面临更多不确定性，使企业不得不加速转型，调整生产战略，合理控制产能，努力拓宽屠宰及线上业务。2020 年下半年，我国新冠肺炎疫情防控进入常态化，但是疫情还有一些不确定因素，偶有局部暴发的情况。据新闻报道可知，新冠肺炎疫情的局部暴发多与海鲜水产有关，全都是来自国外的冷冻进口海产品造成的。在此背景下，居民难免会降低对海鲜水产的消费，并部分地由禽、蛋类食品作为替代。

五、禽、蛋类消费的趋势

（一）渠道变化

1. 传统渠道

随着环保趋严以及规模化养殖的趋势蔓延，存栏1万~5万只以及5万只以上的中型规模养殖户以及十万到百万规模的大中型规模企业集中崛起，蛋鸡养殖端散户骤减，行业转型升级加快。同时，随着我国居民越来越重视食品安全，大型养殖场的鸡蛋品质有所保证，其市场接受度越来越高，加之各方资金涌入，使大型养殖场产能有所扩张，加速了规模化进程，行业集中度越来越高，且有规模继续扩大的趋势。

从20世纪80年代开始，我国就开始了农产品销售模式的改革，目前已经形成了多种销售渠道共存的模式。目前，养殖场的传统销售渠道主要有三类，下面以鸡蛋为例进行阐述：

第一类是农户直接销售。养殖场将农产品直接卖给消费者，即"农户＋消费者"的模式。在这种销售模式下，生产者可以与消费者直接进行交易，省去中间环节，缩短供应链，从而获得更高的经济利润。但是这种销售模式需要农户投入更多的时间和精力，而不同农户的经销能力和条件存在明显差异。

第二类是多层中间商的销售模式。养殖场通过中间商销售鸡蛋的模式，即"农户＋批发商"的模式。在这种销售模式下，有助于实现规模效应，主要适用于主产区，同时养殖场需要让出部分利润。

第三类是农产品深加工的销售模式。养殖场将鸡蛋卖给蛋品加工企业，再由加工企业把鸡蛋生产成其他商品，进行销售的模式，即以"加工＋销售"为主的鸡蛋销售模式。这种销售模式可以增加鸡蛋的增值利润，变相增加养殖场收入，同时可以创造更多的就业机会，带动地区经济的发展。

2. 社区商超渠道

我国目前主要的农产品交易方式为通过农贸市场进行销售，但随着现代农业的发展，农贸市场被取缔是一种必然趋势。特别是在大城市，城市管理取缔了很多农贸市场，人们常在居民区附近的超市购买农产品。超市相对农贸市场来说，利润空间较大。同时，可以集中资源优势，对禽蛋类产品进行收购、筛选、清洗、包装后，统一产品名称对外销售。在此过程中可以形成品牌效益，形成产品溢价。

3. 农业观光旅游

近年来，农业观光旅游成为禽、蛋类产品销售的新型渠道。越来越多的消费者选择在假期前往农村进行观光旅游，各类农家院成为人们闲暇之余调节身心的绝佳去处。在媒体宣传和网络口碑的影响下，开启了"旅游 + 观光 + 捡拾鸡蛋"等新型销售模式，让消费者享受田园乐趣的同时，还提高了广大农民的收入。这种农业观光旅游模式由于为消费者创造了体验价值，同时减少了农产品的中间流通环节，减少了运输和销售费用，有效地提高了农民的净收益。

（二）品级变化

1. 品级提升

随着消费者生活质量的不断提高，市场需求多样化明显，高品质高附加值的无公害、有机、保健功能鸡蛋产品受到市场青睐。生态放养鸡还可以控制植物虫害和草害，减少或杜绝药物的使用，鸡粪还田提高土壤肥力，实现经济效益、生态效益与社会效益的高度统一。因此，人们更加青睐健康美味的土鸡蛋，对生态放养土鸡蛋的需求量在不断增加。从市场销售来看，许多消费者对山区、林地的生态放养鸡及品牌鸡蛋情有独钟。

2. 消费本地化

河北、山东、河南和江苏是全国禽蛋的集中生产区，而最大销区在广东，所以会出现北方鸡蛋销售至南方鸡蛋市场的"北蛋南运"现象。随着经济的发展和人们消费习惯的改变，对鸡蛋的消费逐渐形成珠三角、长三角和京津冀三个消费圈。围绕消费圈500千米以内会形成养殖重点区域，当天生产的鸡蛋能够运到当地的市场，次日进行销售，从而形成本地化的地位优势、价格优势及品牌优势。

（三）原产国变化

根据美国农业部数据统计，2019 年，鸡肉生产的主要国家和地区有美国、中国、巴西、欧盟和俄罗斯等，其中美国以 1980 万吨的产量位居第一；而中国则以 1380 万吨的产量超过巴西、欧盟，位居第二，但与美国仍有所差距；巴西则以 1360 万吨的产量位居第三。

巴西是全球最大的鸡肉出口国。2018 年，巴西出口鸡肉 368.7 万吨，占全球鸡肉出口总量的 32.8%。巴西出口组织预计，巴西 2020 年鸡肉出口较 2019 年增长 3%~5%，达 435 万~445 万吨的水平。美国、欧盟、泰国和中国分别是全球第二至第五大鸡肉出口国。前五大鸡肉出口国鸡肉出口量合计占全球鸡肉总出口量的 85.8%。

六、 小 结

本章主要介绍了禽、蛋类的消费情况。

首先，从总体发展趋势上看，我国禽类和蛋类生产在政策利好与疫病制约的综合作用下稳步发展，产量逐年增长。我国人均禽、蛋类消费量呈现逐步上升趋势，需求稳定且旺盛。由于禽、蛋类富含蛋白质，已经成为人们日常生活中重要的营养来源，禽类对猪肉消费的替代效应表现明显。

地区消费上，我国人均禽、蛋类消费量呈平缓增长趋势，但居民收入水平与禽、蛋类消费量呈正相关关系，城镇居民的消费量要高于农村居民的消费量。南方人比北方人更喜爱吃禽类，同时禽、蛋类的消费也与地区的养殖情况相关。在结构方面，禽肉的消费目前仅次于猪肉，基本能被所有人接受，不受信仰和背景文化的制约，而且由于近期猪肉价格不稳，涨势偏高，禽肉作为可替代性肉类的消费明显增加。禽蛋中，鸡蛋的产量占据了半壁江山，且一直保持着上涨的态势。肉鸭、鸭蛋及其他禽类的产量和消费较为稳定。

其次，家禽业的消费与发展受到很多因素的影响，一方面是防范疫情的措施。禽流感、沙门氏菌、新城疫均是可能导致禽类大规模感染与死亡的杀手。我国情况较为稳定，国内偶有发生，但未对大环境产生大的影响。但国外近些年发生过沙门氏菌感染及禽流感事件，导致家禽业受到冲击，不利于全球禽蛋产业的平稳发展。由于替代效应，非洲猪瘟促进了禽、蛋产业的发展。另一方面会导致家禽业波动的是全球的贸易环境。中美贸易争端中，禽肉相比于蛋类受到的冲击更大，贸易情况正在发生变化。我国禽肉进口大幅增加，贸易顺差转为逆差。消费渠道上，线上线下渠道同时发力。依托互联网的发展，多种销售模式应运而生，减少了中间流通环节，降低了费用。质量方面，人们更青睐于绿色无污染的天然禽、蛋，品牌化趋势凸显。随着蛋鸡养殖技术的提升，智能化水平进一步发展促进了鸡蛋消费效率的提升。

第四章

乳制品类消费

乳制品是为中国居民提供优质蛋白的重要食品，随着中国经济的飞速发展，中国人均乳制品消费水平得到了大幅提升，身体素质也得到明显提升。健康意识以及与国际接轨的消费理念让中国居民对乳制品表现出明显的消费升级趋势。

一、乳制品类消费概况

（一）规模

据国家统计局数据和《中国奶业质量报告》，近年来我国乳制品产量整体呈现出增长态势。2013 ~ 2019 年，我国乳制品的销售总量由 2697.8 万吨增加到 2719.4 万吨，2016 年销售量达到该期间内最大值 2993.2 万吨，2018 年受经济危机影响出现短暂的销售量回落趋势（见图 4 - 1）。

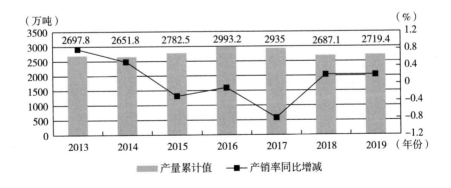

图 4 - 1 2013 ~ 2019 年中国乳制品产量统计

资料来源：国家统计局。

结合历年《中国奶业年鉴》数据，2013 年以来我国乳制品消费量总体呈现波动变化趋势。2016 年高达 3211.6 万吨，2018 年乳制品消费量下降到 2681.5 万吨，2019 年回升到 2710.6 万吨。根据图 4－2 中数据分析，2014 年、2017 年和 2018 年我国乳制品消费量增长率出现负值，2018 年更是同比下降了 7.3%。

图 4－2　2013～2019 年中国乳制品消费量统计

资料来源：历年《中国奶业年鉴》。

从人均消费量来看，2013～2019 年，我国人均乳制品消费量由 11.7 千克增加到 12.6 千克（见图 4－3）。根据有关资料显示，受宏观经济及居民收入等因素影响，国内乳制品消费增长整体放缓。在此期间，农村居民人均乳制品消费量由 5.7 千克增加到 7.1 千克，而城镇居民人均乳制品消费量由 17.1 千克下降到 16.9 千克。随着农村居民收入水平不断提高，农村乳制品消费量逐渐上升，城镇与农村居民人均乳制品消费量之间的差距也在逐渐缩小。2013 年城镇居民人均乳制品消费量约是农村居民的 3 倍，2019 年下降到 2.38 倍。未来城镇提升乳制品人均消费量空间有限，而主要驱动力来自于农村消费升级。

（二）结构

1. 乳制品消费结构

从乳制品消费结构来看，在我国乳制品市场中，液态奶占据主导地位，2019 年销售额达到 4087 亿元，但是近年来小部分市场被干乳品（芝士、黄油等）蚕食呈现增速逐渐放缓的趋势（见图4－4）。液态奶中的牛奶消费占比最大，2019年占液态奶比重达63.5%；但酸奶销售额占比也在持续攀升，占液态奶的比重从2005年的14.7%提升至2019年的36.5%。

图4－3　2013～2019年中国居民人均乳制品消费量

资料来源：国家统计局。

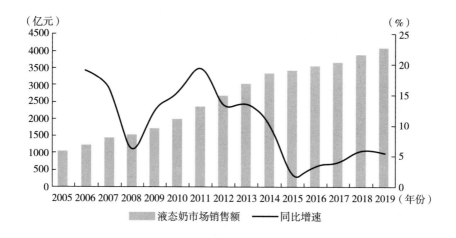

图4－4　近年来我国液态奶市场销售额统计

资料来源：根据公开资料整理。

据《中国海关统计年鉴》数据显示，我国进口液态奶消费总量在十年内由2010年的1.71万吨增长至2019年的92.43万吨，但增速从2011年的152.04%降至2018年的0.43%。2019年出现回升趋势，进口液态奶同比增长31.20%（见图4－5）。

图 4 - 5　2010～2019 年我国进口液态奶消费量

资料来源：国家统计局。

　　我国脱脂奶粉的消费主要为进口产品。全脂奶粉、脱脂奶粉进口量占国内消费量的比例分别为 92.7% 和 25.4%，脱脂奶粉目前国内消费市场仍较小，2018 年仅 27.5 万吨，是全脂奶粉消费量的 15%。受 2018 年中美贸易争端影响，中国对美国奶粉、乳清等相关乳制品加征关税后，中国从美国进口乳清、奶粉数量相应减少，但整体进口需求未受影响。

　　据海关总署数据显示，国内奶酪进口量自 2016 年起增速显著放缓，增速由 2016 年的 28.58% 下降至 2019 年的 4.27%，国内市场对进口奶酪的依赖度降低（见图 4 - 6）。

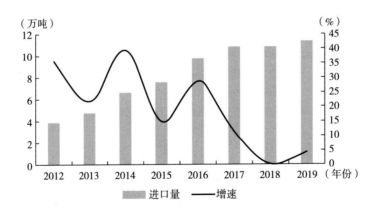

图 4 - 6　2012～2019 年我国奶酪产品进口情况

资料来源：中国海关。

2. 乳制品品牌结构

根据国家统计局数据显示，2019 年全国规模以上乳制品企业有 565 家，主营业务销售总收入 3946.99 亿元，同比增长 10.17%；利润总额 379.35 亿元，同比增长 61.40%。2019 年，大型骨干企业生产经营形势良好，行业集中度有所增加。其中前 12 位企业生产销售收入合计 2648.1 亿元，占全行业的 67.1%。可以看出，我国乳制品的行业市场份额呈现向龙头企业集聚的现象（见图 4-7）。

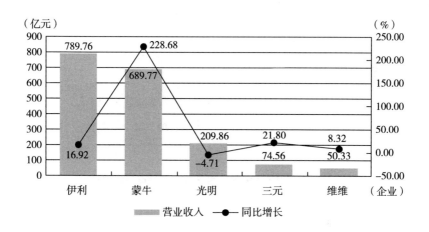

图 4-7　2019 年中国主要乳制品企业营业收入分析

资料来源：国家统计局。

通过对全国大型零售企业的市场销售数据进行监测，中商产业研究院发布的《2017-2022 年中国乳制品市场调查及投资前景研究报告》指出，2015 年伊利、蒙牛、光明分别以 17.51%、16.64%、6.88% 的市场占有率位居前三。2019 年，乳制品市场两大龙头企业——伊利乳业和蒙牛乳业的市场占有率分别为 16.2% 和 12.7%，市场份额相对稳定，在消费者群体中具有较高的品牌知名度和美誉度（见图 4-8）。

（三）国际比较

从全球范围内来看，发展中国家与发达国家在日常管理乳制品加工和消费上仍存在较大差距。据统计，2010 年中国人均奶类占有量为 26.65 千克，而同期世界人均奶类占有量达到 98 千克，到 2019 年我国人均乳制品消费量折合生鲜乳约为 35 千克，仅为世界平均水平的 1/3。《2020 中国奶商指数报告》显示，随着疫情期间公众健康意识的提高，国人奶商指数整体提升，但"意识水平高，知识和行为水平低"的结构不均衡问题依然存在（见图 4-9）。

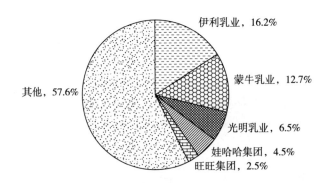

图 4-8 2019 年中国乳制品行业市场占有率统计

资料来源：中商产业研究院数据库。

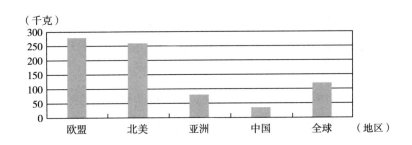

图 4-9 2018 年乳制品人均消费量

资料来源：《2018 年中国人奶商指数调查报告》。

1. 液态奶消费情况比较

目前我国液态奶的人均消费量为 19.8 千克，远低于英美等发达国家，而与饮食习惯较为相似的韩国和日本相比，还存在 65% 左右的上涨空间。但细分来看，各地区渗透率有所差异：我国城镇地区液态奶人均消费量在 28.5 千克左右，与日韩消费量较为接近，接近饱和；而农村地区人均消费量只有11.4千克，还有较大发展空间（见图4-10）。

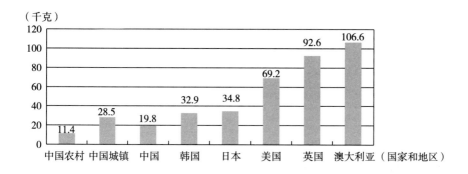

图4-10 2019年世界各国人均液态奶消费量统计

资料来源：中国奶业协会。

2. 奶粉类消费情况比较

近几年，配方奶粉尤其是婴幼儿奶粉市场空间巨大。根据相关数据显示，2018年我国婴幼儿奶粉人均消费量约为17千克，大约是日本婴幼儿奶粉人均消费量的2倍。主要原因是两个国家在母乳喂养方式上存在较大差距，中国妈妈的产假仅有98天，导致不得不过早地放弃了母乳喂养。然而，日本妈妈的产假时间长达3年，极大地降低了对婴幼儿奶粉的需求。另外，中国的奶粉人均消费量远低于澳大利亚、法国等发达国家（见图4-11）。

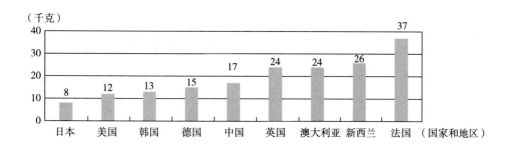

图4-11 2018年各国婴幼儿奶粉人均消费量

资料来源：中国奶业协会。

3. 奶酪消费情况比较

我国奶酪消费量相较于其他国家偏低。奶业协会公布的数据显示，2019 年我国奶酪人均消费量仅有 0.1 千克，远低于发达国家人均消费量 12.91 千克，也低于世界平均水平 3.13 千克。对比饮食习惯相近的其他亚洲发达国家，日本和韩国的人均消费量已分别达到 2.66 千克和 3.23 千克（见图 4 - 12）。

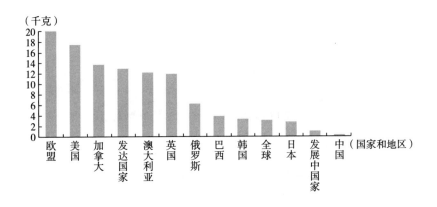

图 4 - 12　2019 年各国奶酪人均消费量统计

资料来源：中国奶业协会。

通过以上分析可以看出，随着居民生活水平的提高，消费者更加重视膳食结构的调整，健康意识也在不断提升，对乳制品的需求将不断提高，未来我国乳制品消费还有很大的增长空间。

二、乳制品类消费的地区差异

（一）全国

1. 城乡差异

城镇居民与农村居民对奶产品的消费偏好存在一定的差异。其中，城镇居民的奶产品消费以液态奶为主，农村居民以奶粉为主。据历年《中国奶业年鉴》统计，以2011年为例，城镇鲜奶、奶粉消费比重分别为65%、17.6%，而农村消费比重分别为10.6%、80%。另外，城镇居民酸奶消费量增加速度加快，城镇居民的年均酸奶消费量复合增长速度达到20%以上，超出居民的收入增长速度，而农村居民酸奶消费量较低。

城镇居民与农村居民奶产品消费存在差异的原因主要是冷链运输技术差异与市场条件。近几年，由于全国范围内冷链物流的建设发展、农村居民的收入水平提升，使城乡居民人均乳制品消费量差距逐渐缩小。2013年，城镇居民与农村居民的人均奶类消费量分别为17.1千克、5.7千克，差距为11.4千克，2019年差距缩小至9.8千克。从人均奶类消费量的同比增长率来看，城镇居民低于农村居民，说明农村地区乳制品消费增长较快，具有较大的发展潜力（见图4－13）。

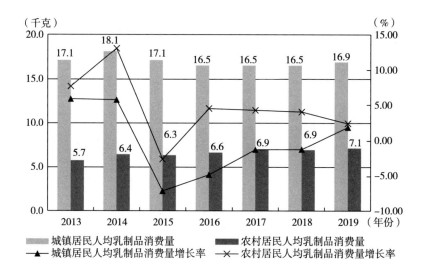

图4－13　2013～2019年我国城乡居民人均乳制品消费情况

资料来源：历年《中国奶业年鉴》。

2. 地域差距

由于经济状况、地理条件、饮食习惯、城乡二元结构的存在等因素，我国不同地域的城乡奶产品消费特征不同。图4－14展示了我国各地区城乡居民人均乳制品消费情况。

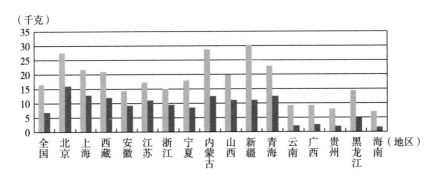

图 4 – 14　2019 年各地区城乡居民人均乳制品消费情况

资料来源：国家统计局。

　　从城镇居民乳制品消费分布情况来看，呈现"两高一低"的特征。"两高一低"是指经济发达城镇消费量高、乳制品饮食惯性大的西部少数民族城镇消费量高，经济欠发达地区和东南部地区城镇乳制品消费量较低。上海、北京、西藏等地区城镇居民乳制品消费量均在全国平均水平之上，属于城镇乳制品销售的主要市场。

　　尽管收入水平对奶类消费量产生一定影响，但消费习惯和偏好更是影响奶类消费的重要因素。新疆、内蒙古等西北地区受自然环境和消费习惯影响，是乳制品消费的传统区域。北京、上海等经济发达地区人均收入水平高，居民越来越关注食品营养的提升，成为乳制品的新兴高消费区。

　　根据不同地域奶产品消费特点，乳制品消费地区可以分四类：第一，城镇与农村消费量均较高。北京、上海、浙江等地区经济发达，城乡居民的收入高，居民对乳制品的营养价值认知全面；而西藏、新疆等地区的民族特色鲜明，具有消费奶产品传统。第二，城镇与农村消费量均较低。海南、贵州、广西、云南、黑龙江等地区经济不发达，居民收入较低，也没有奶类消费的习惯。第三，城镇消费量高于农村但差距较小。安徽、广东等地区城镇的经济比较发达，而农村经济不发达也没有奶产品消费的习惯。第四，城镇与农村消费量差异悬殊。内蒙古、青海等地区多为具有奶产品饮食习惯的少数民族聚集区，具有乳制品饮食习惯。

（二）城市差异

1. 一、二线城市维持稳健增长

乳制品的营养健康属性已经普遍被人们所认可。当前，我国一、二线城市乳制品消费已接近饱和，乳制品消费早已过了消费普及阶段，人均乳制品消费量提升空间不大，但乳制品企业积极进行产品品类和口味的创新，也将保持乳制品行业在一、二线城市维持稳健小幅增长的态势。

2. 三、四线城市将成为新市场核心

随着一、二线城市人口回流，城镇化水平不断提升，农村及低线城市的消费市场潜力正在得到不断挖掘。三、四线城市人均收入跃上消费升级拐点，消费升级加速。

三、四线城市等低线市场拥有绝对人口数量，并且消费者消费观念和意识与一、二线城市差距不断缩小，对乳制品购买意愿、尝试新乳制品品牌的意愿几乎与一、二线城市等同，三、四线城市对于乳制品的消费潜力正逐步挖掘。此外，高端化趋势逐渐向三、四线城市渗透，农村地区消费者喝奶习惯逐渐被培育，有望成为乳制品消费的新市场。

（三）原因

1. 收入条件

收入条件是影响我国居民乳制品消费差异的主要因素。随着居民收入水平的提高，人均乳制品消费量不断增长。从国内近五年的统计数据来看，2013～2019年，我国人均乳制品年消费量随人均 GDP 的上升而不断提高。2013 年，我国人均 GDP 4.3 万元，人均乳制品消费量为 11.7 千克；2019 年，人均 GDP 7.1 万元，人均乳制品消费量达到 12.6 千克（见图 4-15）。

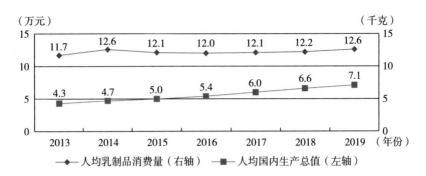

图 4 – 15　2013～2019 年我国人均乳制品和人均 GDP 发展趋势

资料来源：国家统计局。

2. 乳制品消费习惯

乳制品消费习惯在一定程度上拉升市场需求，并且农村居民消费习惯对乳制品消费的促进作用大于城镇居民。根据国家统计局数据，处于高收入低消费量区域的福建、吉林、湖北、广东四省经济发展水平高于全国平均水平，但乳制品消费量却低于全国平均水平，说明这些地区的乳制品饮食习惯还没有养成。处于低收入高消费量区域的新疆、西藏、宁夏等九个省（区）属于牧区或者半牧区，当地居民有着悠久的食用乳制品的历史，虽然经济水平相对较低，但乳制品消费量水平高。

3. 质量安全事件

在乳制品食品安全事件后，消费者对于国内乳制品的安全普遍信心不足，使乳制品进口数量和金额持续上升。质量安全事件对农村居民乳制品消费产生的负面影响大于城镇居民。由于城乡之间存在收入差距，乳制品消费对于农村消费者来说并非日常消费品，当质量安全事件发生之后，容易造成农村市场中的"污染"。另外，农村地区的信息流畅程度相较于城市地区较低，农村消费者对食品安全事件的接收和反应时间被延长，消极影响被扩大。

4. 年龄结构

年龄结构对乳制品消费地区差异具有一定影响。目前，随着人口出生率的不断下降，东部、中部地区 14 岁以下人口占总人口的比重总体趋于下降，但并不会降低整体的乳制品消费水平。对于西部地区，随着14岁以下人口占比的下降，乳制品消费的整体水平也不断下降。因为东部和中部地区乳制品消费群体比较广泛，而西部地区乳制品消费群体主要为青少年和婴幼儿。另外，东部地区65岁以上的老龄人口更加注重生活质量，倾向于消费乳制品。曾经主打老年人的奶粉产品，随着人民消费生活水平的提高，正在被更多的乳制品替代。

三、不同乳制品类的消费比较

（一）鲜奶

经过几年的发展，乳制品市场已转变为以鲜乳为主的多品种、多口味的局面。2013～2017年，中国牛奶（包括牛奶、鲜牛奶、脱脂牛奶等）销售量从890万吨增至979万吨，年复合增长率为3%；中国牛奶销售额从921亿元增长至1172亿元，年复合增长率为7%。2018年中国牛奶行业销售额达到1195亿元，2019年达到1218亿元，呈现逐年稳定增长状态（见图4-16）。

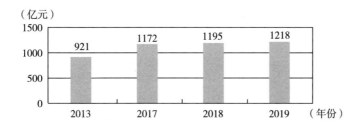

（亿元）

图4-16 近年中国牛奶行业销售额

资料来源：中国奶业协会。

（二）奶粉

受国内乳制品质量安全事件影响，消费者对国内乳制品质量信心不足，消费者在乳制品消费方面存在明显的进口偏好。2008～2017年，液态奶销售量中进

口产品的占比从 1.2% 增长到 41.4%，最高达到 48.4%；婴幼儿配方奶粉销售量
中进口产品的占比从 16.4% 增长到 70.0%。2015 年以来，中国乳制品质量管理
体系逐步健全，进一步提升了乳制品质量，优化了消费环境。消费者在国产与进
口乳制品间的选择倾向也有所调整，但进口偏好依然明显。

近几年，伊利、蒙牛凭借品牌、渠道、奶源、产品全方位的优势，主攻流通
渠道，营收增速高于行业，市场占有率逐步提升。但中国的婴幼儿配方奶粉市场
目前仍由国际品牌主导，如雀巢奶粉的市场占有率高达 14%（见图 4-17）。

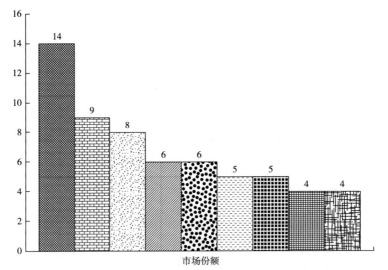

图例：雀巢 达能 飞鹤 雅培 美赞臣 美素佳儿 蒙牛（含君乐宝、雅士利） 伊利 澳优

图 4-17　近年中国奶粉市场份额结构

资料来源：国家统计局。

（三）酸奶

近年来，酸奶成为中国乳制品市场销售额增速最快的品类。据统计，2016
年中国酸奶行业市场规模达到 1010.17 亿元，首次突破千亿元。2017 年酸奶销售
额首次超过牛奶，约为 1192 亿元，同比增长 18%，增速远快于牛奶。据中商产
业研究院数据显示，2018 年我国酸奶产品销售量增长至 197.9 万吨，销售额增长
至 1400 亿元，2019 年我国酸奶产品销售量达到 220.7 万吨，中国酸奶产品市场

规模不断扩大（见图4-18）。

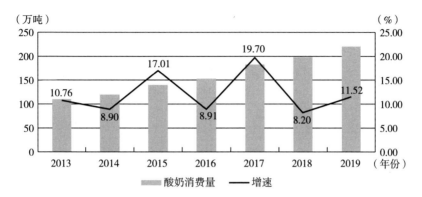

图4-18 2013~2019年我国酸奶市场销售情况统计

资料来源：根据公开资料整理。

由于冷链建设不够完善的因素，我国低温酸奶的发展受到了一定制约。据统计，我国低温酸奶在乳酸发酵奶中的份额不断下降，2019年跌至45%。相比之下，常温酸奶正处于高速增长期，吸引了大批乳品企业加入。目前，国内生产常温酸奶的企业有40~50家，品牌多达上百种，市场竞争异常激烈。伊利、蒙牛、光明为"酸奶三巨头"，遥遥领先其他品牌。据统计，2018年常温酸奶整体市场规模突破300亿元，其中，安慕希（伊利）、纯甄（蒙牛）、莫斯利安（光明）三大常温酸奶品牌共占据70%~80%的市场份额（见图4-19）。

图4-19 2015~2019年我国低温酸奶市场规模及占比

资料来源：中国奶业协会。

（四）其他（如炼乳、奶酪）

目前乳制品消费结构比较单一，主要消费品种为液体奶、奶粉和酸奶，而奶酪、黄油和炼乳的消费量很少。这种现象一方面与中国消费者的饮食习惯有关，另一方面是由于消费者对奶酪、黄油和炼乳等产品认知不足，缺乏产品知识。

1. 炼乳

与发达国家相比，我国炼乳市场仍处于发展初期，市场规模较小，人均消费较低。但近两年增速较快，保持在 10% 左右，目前炼乳消费主要集中在城镇地区。数据显示，2014 年我国炼乳市场规模约 26.9 亿元，2017 年突破 30 亿元，到 2019 年我国炼乳行业市场规模达到 36.8 亿元，同比 2018 年增长了 10.2%（见图 4-20）。

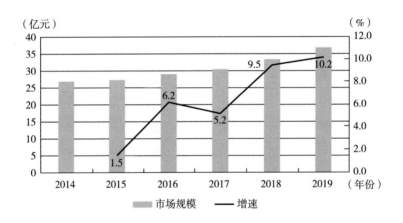

图 4-20　2014~2019 年中国炼乳行业市场规模情况

资料来源：中国奶业协会。

2. 奶酪

奶酪作为国内极具增长潜力的乳制品细分领域，近年来行业市场规模保持高速增长趋势。欧睿咨询数据显示，2019 年我国奶酪行业市场规模（零售额口径）达到 65.5 亿元，较 2018 年同比增长 12.3%。不过，我国目前仍处于以液态奶消费为主的阶段，奶酪消费处于培育期，2018 年零售额仅占我国乳制品消费的

1.5%，但呈现快速上升态势（见图4-21）。

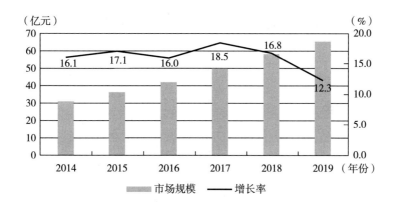

图4-21 2014~2019年中国奶酪行业市场零售规模增长情况

资料来源：Euromonitor，前瞻产业研究院。

据中国海关统计，2018年我国奶酪进口量为10.84万吨，进口额为5.13亿美元，奶酪产品出口总量约为0.03万吨；同年，我国奶酪消费量达到19.10万吨，单产量只有8.33万吨。我国奶酪消费严重依赖进口，2018年进口量占需求量的63%；虽然2019年产量上升幅度较大，但进口量比重仍在50%以上（见图4-22）。

图4-22 2013~2018年中国奶酪进口情况

资料来源：Euromonitor，前瞻产业研究院。

四、乳制品类消费环境变化

（一）食品安全

在乳制品产业不断发展壮大的同时，乳制品质量安全事件时有发生。"无抗奶""结核奶""大头娃娃劣质奶粉""三聚氰胺"等乳制品质量安全事件把乳制品质量安全问题推到了舆论的风口浪尖。质量安全问题在一定程度上成为乳制品产业发展的制约因素之一。乳制品质量安全危机的产生，引发了消费者对乳制品质量安全的信任危机，使消费者的心理和购买行为对乳制品消费产生抑制力，引致乳制品消费市场的不稳定。

近年来，奶业全产业链质量安全监管体系日趋完善，监管力度不断加强，乳制品质量安全水平大幅提升，国产乳制品品质明显提升，但消费信心尤其是国产婴幼儿奶粉消费信心仍有待提振。

（二）国际竞争

以中美贸易争端为例，美国是我国第二大乳制品来源国，约占进口总量的14%。作为抵制措施，自2018年7月6日起，我国对原产于美国的659项约500亿美元进口商品加征25%的关税，在加征关税的第一批商品名单中，就包括各类乳制品。因为自美国进口产品成本增加，所以进口量减少。以乳清粉为例，中国海关数据显示，2019年前4个月我国从美国进口乳清粉数量同比大幅下降51.5%，自美国进口产品市场价格竞争优势丧失，欧盟、大洋洲等的乳制品对美国乳制品具有很强的替代性，逐渐瓜分其市场份额。

（三）其他环境影响

1. "二孩"政策与国家规划对乳制品消费的影响

2016年是"全面二孩元年"，政策实施以来生育需求增长迅速，一线城市中，北京市同比增长 103.7%，而各主要二线城市增幅也都在 30% 左右。"二孩"政策将明显带动婴幼儿奶粉消费需求。但是，我国的生育率已经进入一个下滑的周期，二胎等优惠政策带来的刺激效果有限。未来新生儿数量大概率将会温和下滑，自然会影响奶粉的销量。

2016 年 8 月，国家食品药品监督管理总局组织起草了《婴幼儿配方乳粉产品配方注册管理办法》相关配套文件，《全国奶业发展规划（2016 - 2020 年)》也要求大力推行婴幼儿配方乳粉注册制，加大监管力度，鼓励并推动婴幼儿配方乳企兼并重组，提出 2020 年集中度要超过 80%，培育具有国际影响力的国产品牌。

2. 我国城乡"二元结构"对乳制品消费的影响

一方面，城镇居民人均奶类消费量明显高于农村居民，是目前我国乳制品消费的主力军；另一方面，无论是城镇居民还是农村居民，奶类产品消费增长率均大幅提升。根据智研咨询数据，近年来，三、四线城市居民及农村居民乳制品消费量增速远高于蛋类、水产品和瓜果类，乳制品已成为居民膳食结构中的重要组成部分。因此，积极发展三、四线城市及农村市场，可以拉动乳品消费规模，刺激乳制品产量进一步提高，为乳制品企业的发展提供新的契机。

五、乳制品类消费的趋势

（一）渠道变化

目前，我国乳制品行业的销售渠道从传统销售渠道拓展到电商销售渠道，在消费升级背景下，乳制品消费渠道和市场区域格局都发生了明显变化，尤其是近年来，电商渠道消费增长迅猛。商务部发布的《2018 年中国电子商务报告》数据显示，2018 年实现电子商务交易额 316300 亿元，同比增长 8.5%；网上零售额 90100 亿元，同比增长 23.9%；跨境电商进出口商品总额 1347 亿元，同比增长 50%。在电子商务迅猛发展的势头下，越来越多的消费者通过跨境电商平台购买进口乳制品尤其是婴幼儿奶粉。数据显示，2019 年通过跨境电商进口的婴幼儿奶粉达到 9.5 万吨，同比增长 50.7%。

（二）品级变化

1. 高端化、健康化产品消费需求旺盛

中产阶层的不断壮大让价格不再是消费者最重要的考虑因素，消费的场景感、仪式感和专业性成为重要的驱动力，人们更愿意为高品质和具有更高安全标准的产品埋单。我国乳制品消费不断向品质化、高端化升级，乳制品市场竞争从"数量"进入"以质取胜"的新阶段。未来，乳制品行业的重大战略之一就是挺进高端市场，实施品质与价格的双高策略。

2. 产品更加多元化、个性化

随着经济增长，居民收入持续提高，我国乳制品市场整体进入消费升级阶段，产品向差异化、功能化发展。同时，中国年青一代作为消费主体，消费日益呈现多元化和个性化。未来的乳制品市场上，多元化、个性化将继续高速发展，各大乳品企业将依靠资金、技术优势及资源禀赋，不断进行产品结构升级，向新兴乳品品类和非乳品类进军，以迎合消费升级的多样化市场需求。

3. 功能化乳制品成为主流趋势

亚健康问题、需求差异化、应付日常工作或学习压力等原因，促使人们青睐功能乳制品。这类乳制品主要通过添加益生菌或生理活性物质，使乳制品具有相应的功能，如提神、均衡营养、免疫健康、清体排毒、舒缓情绪、护眼、提高运动能力和运动后恢复等，在此基础上开发深度细分市场将让乳制品企业的发展更具可能性。

（三）原产国变化

目前，中国消费者购买进口乳制品的需求仍然较高，进口乳制品在乳制品供应总量中的占比仍然居高不下（见表 4-1）。

表 4-1　2019 年中国乳制品进口情况

种类	数量（万吨）				金额（亿美元）				数量占比	
	12月	同比（%）	1~12月	同比（%）	12月	同比（%）	1~12月	同比（%）	当月（%）	累计（%）
乳制品	25.93	14.4	297.31	12.8	8.98	6.6	111.25	10.6	—	—
干乳制品	18.17	19.0	204.88	6.0	8.05	7.8	99.65	9.6	100.0	100.0
奶粉	9.39	52.9	101.48	26.6	3.14	75.1	31.24	28.6	51.7	49.5
婴儿配方奶粉	2.51	-18.9	34.55	6.5	3.60	-19.0	51.91	8.8	13.8	16.9
乳清	4.37	-1.7	45.34	-18.6	0.51	-4.8	6.07	-4.2	24.0	22.1
奶油	0.59	96.2	8.55	-24.5	0.31	70.6	4.66	-33.1	3.3	4.2
奶酪	0.94	-5.5	11.49	6.0	0.43	-7.7	5.22	1.7	5.2	5.6
炼乳	0.37	26.3	3.47	25.6	0.06	20.0	0.56	14.2	2.0	1.7
液态奶	7.75	4.9	92.43	31.3	0.93	-2.3	11.60	19.2	100.0	100.0
鲜奶	7.54	5.5	89.06	32.3	0.89	-1.5	11.01	20.7	97.3	96.3
酸奶	0.21	-11.9	3.38	9.6	0.03	-19.9	0.59	-3.1	2.7	3.7

资料来源：海关总署。

目前，全球五大乳制品生产地是欧盟（主要包括德国、法国、爱尔兰、芬兰、丹麦）、印度、美国、中国和巴基斯坦，分别占全球产量的 20%、19%、12%、5% 和 5%。2019 年我国共计进口各类乳制品 297.31 万吨，同比增长12.8%，进口额 111.25 亿美元，同比增长 10.6%。其中，干乳制品 204.88 万吨，同比增长 6%，进口额 99.65 亿美元，同比增长 9.6%；液态奶 92.43 万吨，同比增长 31.3%，进口额 11.6 亿美元，同比增长 19.2%。

鉴于海外原产地的奶粉更受中国消费者欢迎，国内乳制品企业可以根据自身优势，在海外设立、收购工厂，严格按照国外质检标准生产乳制品，再以原装原罐进口的形式输回国内，巩固企业的市场份额。一方面，国家应更加重视乳制品行业的质量安全，制定更严格的监管政策，增强消费者对国内乳制品的信心，改变过度依赖进口乳制品的情况。另一方面，对乳制品企业而言，应该不断增加企业品牌影响力，利用新技术和工艺实现转型升级，促进资源整合，扩大生产规模。

六、小结

本章主要介绍了乳制品的消费情况。

首先，乳制品是人们日常生活中必不可少的食品，其消费总量及人均消费量波动之中整体呈现出增长态势。中国消费者对乳制品的偏好和认可程度逐渐提升，消费趋于理性化，更加注重品牌消费。

其次，在地区消费上，经济发达地区和西北地区的消费量较高，城镇与农村乳制品的消费量差距逐渐缩小，二、三线城市和农村消费潜力巨大。近年来"二孩"政策的放开更是增加了人们对乳制品的消费需求。和世界人均消费量相比，我国人均乳制品消费量还有很大的上升空间。消费结构上，乳制品可以分为液体乳类、乳粉类等七大类，其中消费主要集中于液态奶、奶粉和干制乳品；而脱脂奶粉的消费主要依赖于进口，虽然受到中美贸易争端的影响，但其整体未受到影响。我国目前正处于乳制品的消费升级中，健康意识不断提升，未来还会向酸奶、奶酪等乳制品方向加大消费量。人们对于乳制品的需求更趋向于高端化、健康化、多元化、个性化、功能化、休闲化，未来还有较大的增长空间。品牌结构中，消费者品牌忠诚度较高，市场份额向龙头企业集聚。

最后，在消费环境上，国内的乳制品质量安全事件时有发生，影响着消费者的消费信心，尤其是"三鹿奶粉"事件更是把食品安全问题推到了舆论高潮。消费者对于国产婴幼儿奶粉的消费信心仍有待提振。虽然国外知名品牌受到国内消费者的原产国偏好，但是跨境电商存在的假冒伪劣问题层出不穷，从而在一定程度上抑制了消费者对国外知名品牌奶粉的消费偏好。随着我国的监管体系不断完善，国产乳制品消费环境不断优化。此外，受全球乳制品环境影响，中国乳制品面临形势变化，竞争加剧。渠道变化中，电子商务的发展促进了乳制品的消费额上升。

总体来看，我国的乳制品行业目前发展良好，供需整体平衡，结构不断调整。整个市场仍有上升空间，未来潜力巨大。

第五章

水产品消费

　　水产品包括海水和淡水产品,在中国人的餐桌上占有重要的地位。水产品以丰富的营养价值在近年来受到广大消费者的关注,消费呈现上升趋势。

一、水产品消费概况

(一) 规模

1. 供给规模

　　根据历年《中国统计年鉴》数据,我国水产品供给总量稳中有增,并于近年来逐步趋于稳定。如图 5-1 所示,2010～2013 年水产品产量呈现出"增—减—增"的趋势。2012 年的水产品产量较 2011 年出现大幅下降,下降 1.8%。2013 年

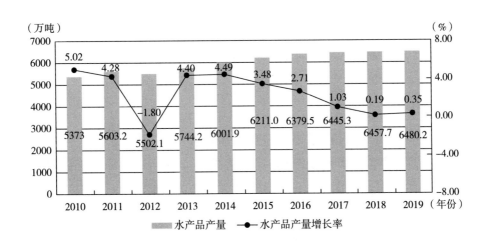

图 5-1　2010～2019 年水产品产量及增长率

资料来源:历年《中国统计年鉴》。

至 2018 年，水产品产量逐年增加，但年增长率逐年下降。截至 2018 年，水产品产量达到 6457.7 万吨，较 2017 年增长 0.19%，2019 年水产品产量增长率有所回升，达到 0.35%，产量达 6480.2 万吨。

2. 需求规模

根据《中国统计年鉴》数据，近年来，我国人均水产品消费量逐渐趋于平稳，除了快速增长的 2019 年，其他时间均维持在 11 千克左右。如图 5 - 2 所示，人均水产品消费量从 2014 年的 10.8 千克增长为 2017 年的 11.5 千克，增长率达 6.48%。2018 年人均水产品消费量为 11.4 千克，较 2017 年有小幅下跌，下降了 0.87%。2019 年人均水产品消费量有较大上升，达到 13.6 千克，增长率达到 19.30%。

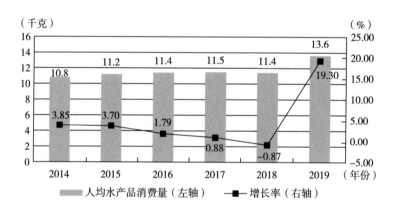

图 5 - 2 2014 ~ 2019 年人均水产品消费量及增长率

资料来源：历年《中国统计年鉴》。

3. 价格

本章以 2009 年价格指数为基数，根据历年《中国统计年鉴》数据，计算得出渔业产品生产者价格指数的变化情况。从图 5 - 3 中可以看出，截至 2018 年，我国渔业产品生产者价格指数总体呈现下降的趋势，但都超过了 100，经历了 2011 年的大幅度增长后，生产者价格指数变化趋于平缓，指数在 104 左右波动，于 2018 年降低为 102.6。2019 年渔业产品生产者价格指数有较大幅度的下降，降为 99.3，小于 100。

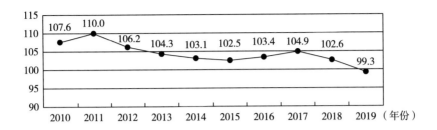

图5-3 渔业产品生产者价格指数（上年=100）

资料来源：根据历年《中国统计年鉴》计算。

根据以上总结，截至2019年，我国水产品总体消费需求呈现出平稳态势。在供给总量增长放缓、逐步趋于稳定的情况下，价格稳中有降。

（二）结构

1. 城乡结构

根据《中国统计年鉴》数据，我国城镇居民人均水产品消费量有增有减，并于近年趋于稳定。如图5-4所示，2011~2014年城镇居民人均水产品消费量呈现"增—减—增"的趋势。2013年的城镇居民人均水产品消费量较2012年出

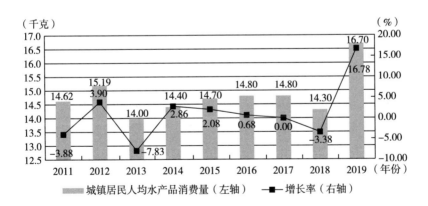

图5-4 2011~2019年城镇居民人均水产品消费量及增长率

资料来源：历年《中国统计年鉴》。

现大幅下降，下降7.83%。从2014年开始增长速度有所放缓，但绝对值都高于14千克。截至2019年，城镇居民人均水产品消费量达到16.70千克，较2018年上升16.78%。

根据《中国统计年鉴》数据，我国农村居民人均水产品消费量稳中有增。如图5-5所示，我国农村居民人均水产品消费量从2011年的5.36千克增长至2019年的9.60千克，增长率为79.1%。其中2013年农村居民人均水产品消费量有大幅上升，后来从2014年开始人均消费量虽有增加，但年增长率波动较少，至2019年人均消费量再次大幅度上升。总体来说，我国农村居民人均水产品消费量稳步增长。

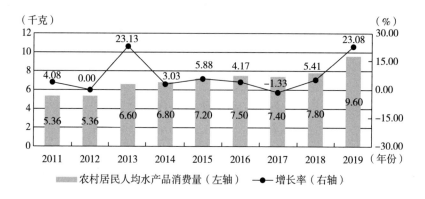

图5-5 2011～2019年农村居民人均水产品消费量及增长率

资料来源：历年《中国统计年鉴》。

根据以上总结，我国城镇和农村居民人均水产品消费量均逐步趋于平稳。城镇居民人均水产品消费量要显著大于农村居民，在消费量增长率方面，农村居民人均消费量增长更快。2011～2019年，城镇居民人均水产品消费量有所下降；而农村居民人均水产品消费量持续增加，农村居民水产品消费仍有较大的增长空间。2019年，城镇居民和农村居民的人均水产品消费量均有较大幅度增加。

2. 品类结构

根据《中国统计年鉴》数据，我国水产品产量中超过95%为鱼虾蟹贝藻类。比较图5-6和图5-1，鱼虾蟹贝藻类总产量和水产品总产量变化趋势相似，整体呈现出上升趋势。其中 2014 年前水产品总产量增长率波动幅度和鱼虾蟹贝藻类产量增长率波动幅度都较大，近几年两者的增长率波动幅度逐渐趋于平缓。

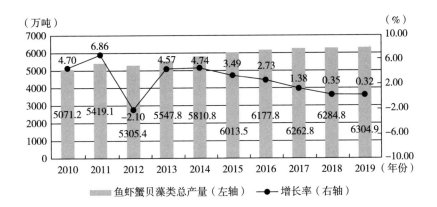

图 5-6 2010~2019 年鱼虾蟹贝藻类总产量及增长率

资料来源：历年《中国统计年鉴》。

鱼虾蟹贝藻分品类产量方面。如图 5-7 所示，鱼类总产量最高，年均产量达到 3531.16 万吨，其次为贝类，年均产量达到 1418.37 万吨，虾蟹类年均产量为 666.55 万吨，藻类年均产量为 203.73 万吨。比较四类水产品，这四类水产品的产量都呈现出增加趋势。鱼类总产量从 2010 年的 3131.9 万吨增加至 2019 年的 3746.9 万吨，增长率达到 19.6%。其中 2011 年上升幅度较大，后从 2012 年开始产量逐年缓慢增加；贝类总产量稳步提高，从 2010 年的 1224.2 万吨增加至 2019 年的 1519.6 万吨，增长率为 24.1%；虾蟹类总产量和藻类总产量都逐年增加，增长幅度较大，从 2010 年至 2019 年，增长率分别为 40.1% 和 63.2%。

在海水产品产量和淡水产品产量方面，如图 5-8 所示，我国海水产品产量和淡水产品产量总体呈现出上升趋势，海水产品产量高于淡水产品产量。海水产品产量从 2010 年的 2797.5 万吨增加至 2017 年的 3321.7 万吨，增长率为 18.74%，2018 年与 2019 年海水产品产量有小幅下降。淡水产品产量从 2010

年的 2575.5 万吨增加至 2019 年的 3197.71 万吨，增长率为 24.16%。海水产
品产量和淡水产品产量都于 2011 年有小幅上升，后在 2012 年产量有所下降，
并从 2012 年开始产量波动幅度趋于平缓；淡水产品产量近几年取得了较为稳
定的增长。

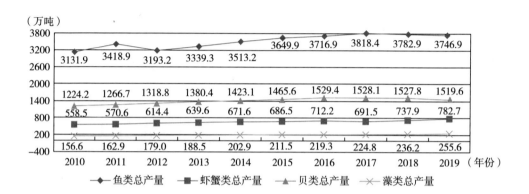

图 5 - 7　2010 ~ 2019 年鱼虾蟹贝藻分品类产量

资料来源：历年《中国统计年鉴》。

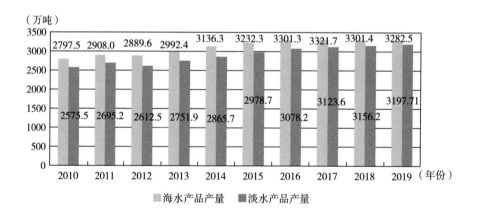

图 5 - 8　2010 ~ 2019 年海水产品产量与淡水产品产量

资料来源：历年《中国统计年鉴》。

根据以上总结，我国水产品生产中，海水产品产量和淡水产品产量相当，海

水产品产量略高于淡水产品产量。鱼虾蟹贝藻类在水产品生产中占据重要地位，其产量直接影响了水产品的产量。在鱼虾蟹贝藻类生产中，以鱼类和贝类生产为主，两者的产量明显高于虾蟹类和藻类，四种水产品产量都于近年保持缓慢增长。

（三）国际比较

我国水产品生产量连续多年位列全球第一，2018年达到6457.6万吨。同时，我国是世界上养殖水产品总量超过捕捞水产品总量的主要渔业国家，养殖水产品总量占比超过75%。进出口方面，俄罗斯一直是我国最大的水产品净进口来源国，其余主要进口国家包括厄瓜多尔、印度、越南等；韩国、日本、德国等国家仍是我国最大的水产品净出口国和目的地国。

我国是水产品生产大国，目前总产量位列世界第一，但我国也是水产品消费大国，还需要从世界各国进行水产品的进口，出口国家则主要为亚洲、欧洲等国。

二、水产品消费的地区差异

本部分通过比较我国31个省份的水产品产量、人均消费数量、海水产品产量和淡水产品产量，分析我国水产品生产的省份差异，数据来自《中国统计年鉴》（2019）。对于各省份数据的整理，本部分根据国家统计局对于东、中、西、东北地区的划分标准，将相同地区的省份排列在相近位置，图5-9、图5-10和图5-11从左到右分别是东部地区、东北部地区、西部地区、中部地区的各个省份。

如图5-9所示，水产品生产遍布各个地区，江苏、浙江、福建、山东和广东，湖北，辽宁等分别分布在东部、中部、东北部地区的省份水产品生产量较高，均超过450万吨；西部地区的省份由于地处内陆，水产品产量极低，只有广西产量较高，达到了 332 万吨。福建、山东、广东为水产品生产量最大的三个省份，分别达到 783.9 万吨、861.4 万吨与 842.4 万吨。水产品产量较高的省份都属于东部地区，离海较近，渔业发达，水产品产量较高。

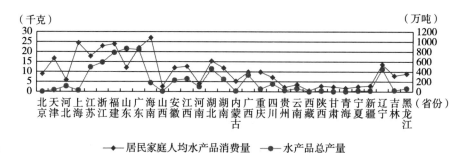

图 5 - 9　2018 年各省份水产品生产和人均消费数量

资料来源：《中国统计年鉴》（2019）。

　　人均水产品消费大省包括上海、浙江、福建、广东、海南等。比较不同省份和地区的水产品产量和消费量可以发现，相当部分省份和地区水产品产量和消费量呈相互促进态势，即产量高，则人均消费量大；产量低，则人均消费量小。山东和海南是水产品生产大省，因其临海的优越位置，总产量较高。山东由于其人口较多，人均水产品消费量较低。浙江、福建、山东和广东四个省份无论是生产数量还是消费数量都在全国前列。

　　综上所述，我国水产品的生产和消费各省份差别较大。总体来看，水产品生产量和消费量呈相互促进态势，即生产量越高的省份，人均消费量越高；海水产品和淡水产品的生产都需要依托于各省份的地理位置，临海的省份才会有海水产品产出，湖泊、河流较多的内陆省份则主要生产淡水产品。由于陕西、甘肃等西部地区地处内陆，且水资源不够丰富，水产品生产量和人均消费量都较低。

三、水产品社区生鲜超市消费情况

本部分基于中国消费大数据研究院的数据，重点分析我国社区生鲜消费状况，依托中国消费大数据研究院的各社区生鲜超市合作单位，选取 2019 年 1 月到 2020 年 7 月的数据，分析其水产品销售额及其增长数据等指标，归纳我国社区生鲜超市消费状况。

（一）水产品销售额及增长率

如图 5 - 10 所示，水产品销售额波动明显，由于季节和传统节日原因，1 月、2 月春节与 8 月、9 月夏季转秋季月份，属于水产品销售旺季。其中，2019 年 7 月较 6 月销售额增长超过 200%，2020 年 1 月较 2019 年 12 月销售额增长也超过 200%。

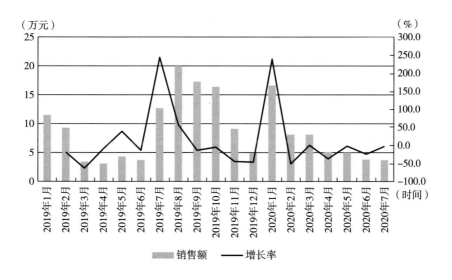

图 5 - 10　2019 年 1 月至 2020 年 7 月水产品销售额及增长率

资料来源：中国消费大数据研究院。

观察 2019 年数据，春节过后的 3 月销售额大幅度下降，达到 50%，7 月与 8 月连续两个月增长后达到峰值，后逐渐下降至 2019 年底，2020 年 1 月取得较大增长，达到 2020 年上半年峰值。比较 2019 年与 2020 年销售额，2020 年 1 月销售旺季时，销售额较 2019 年 1 月增长了近 50%；但在传统的销售淡旺季过渡月份 7 月时，2020 年 7 月水产品销售额要远小于 2019 年 7 月的销售额，这一结果可能与 2020 年的新冠肺炎疫情有一定关系。

图 5-11 描述了水产品销售额 2020 年 1～7 月相较于 2019 年 1～7 月的同比增长率。从图中可以看出，2020 年 1 月、3 月、4 月的销售额较 2019 年同月份均有所提高，其中 3 月同比增长率近 150%，4 月也超过 50%；5 月与 6 月有所提高，但同比增长率相对较低。2020 年 2 月与 7 月水产品的销售额小于 2019 年同期，其中 7 月销售额同比下降了 75% 左右。

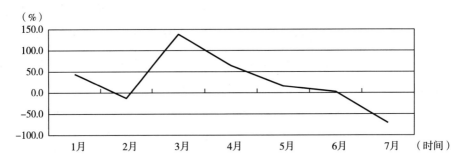

图 5-11　2020 年 1～7 月水产品销售额同比增长率

资料来源：中国消费大数据研究院。

（二）水产品价格及变化率

本部分根据中国农业农村部数据，绘制了水产品的农产品批发价格 200 指数及其变化率示意图。如图 5-12 所示，水产品批发价格指数在 19 个月内总体呈现波动趋势。2019 年 2 月与 3 月指数接近 115，并在 2019 年 8 月前一直维持在 110 以上；2019 年 11 月达到低点后，逐步上升，并在 2020 年上半年围绕 110 波动。整体来看，水产品批发价格 200 指数较为稳定，波动率不高，绝大多数月份在 4% 以内。

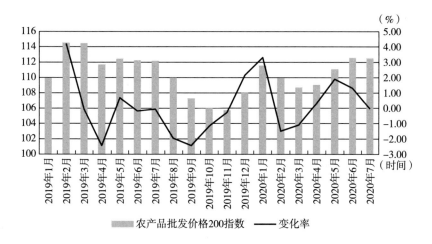

图 5 - 12　2019 年 1 月至 2020 年 7 月水产品农产品批发价格 200 指数及变化率

资料来源：中国农业农村部数据。

图 5 - 13 描述了水产品批发价格 200 指数的 2020 年 1~7 月相比于 2019 年
1~7 月的月度环比增长率。从图中可以看出，绝大多数月份内，2020 年的价格
指数小于 2019 年同期。其中，2020 年 3 月的价格指数同比降低近 5%，后逐渐
增长。2020 年 6 月后价格同比增长为正，但增加幅度不大。总体来看，2020 年
上半年价格指数较 2019 年同期价格指数变化不大。

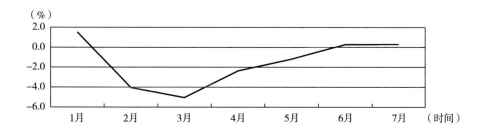

图 5 - 13　2020 年 1~7 月水产品农产品批发价格 200 指数环比增长率

资料来源：中国农业农村部数据。

四、水产品消费环境变化

（一）水产品电商

在电商发展及其物流体系不健全的情况下，仓储和运输成为水产品异地销售的制约因素。水产品保鲜要求高，捕捞后需要在短时间内完成销售，并不适用长时间运输和保存。因此，在电子商务发展及冷链物流体系达到一定规模前，内陆地区的水产品价格较高，居民消费量较低。

随着我国电商零售业的发展，冷链物流体系逐步得到完善，非水产品生产地区的消费者可以用相对低廉的价格购买到更高品质的水产品，这促进了水产品的消费。根据《中国水产品电子商务报告（2019）》，2019 年上半年，在电商领域，我国水产品订单量达到 3.98 亿，交易额达到 169.46 亿元，同比增长 22.9%。二线城市水产品电商销售额占比达 50.05%，一线城市交易额增速为 19.3%，增速有一定下降；三、四线及以下城市增速加快，达 24%。中国水产品线上消费正呈现下降趋势。

在交易品类上，2018 年交易额前三位的品类分别是虾、蟹和鱼，交易额分别为 50.74 亿元、47.09 亿元和 41.06 亿元。2019 年上半年，增速最快的是贝类，增长速度达 42.5%；其次是干制水产品，增速达 34.7%。同时，海鲜卡券、海参的消费额、消费额增速和消费频次增速也值得关注。

随着我国物流体系进一步构建完善，水产品生产地的销售覆盖领域将会进一步扩展，水产品消费也会进一步向三、四线城市和农村下沉，内陆地区的消费需求被释放后，水产品消费将会进一步扩大。同时，因其口感鲜美、营养价值高等优点，水产品一直是走亲访友的馈赠佳品，海鲜卡券等其他形式的水产品销售需求也会进一步得到释放。

（二）食品安全

食品安全一直是备受消费者关注的焦点。对于水产品，因其保鲜时间短、较难存储和运输等特性，成为食品安全问题高发食品种类，层出不穷的食品安全问题，对水产品消费环境产生重要的影响。

在水产品的养殖运输过程中，很多渔民会利用不合规兽药，防止水产品产生疾病、运输过程中延长生命，如孔雀石绿等。根据《中国食品安全发展报告（2019）》进行的食品安全监督抽检的结果，农兽药残留不符合标准占据了食品安全不合格产品的 15% 以上，水产品中淡水虾、贝类中均检出禁用兽药成分。《中国食品安全发展报告（2016）》也指出，对虾、罗非鱼、大黄鱼等 13 种大宗水产品的监测合格率连续三年低于 96%，在五大类农产品中排名较低，安全水平稳定性不足。

还有一些水产品本身带有毒素，需要通过特定的食用方法，才不会中毒，如食用河豚和织纹螺；还有部分水产品本身具有寄生虫，需要长时间煮制才能彻底消除安全隐患，但部分餐饮企业和消费者未能做到而发生食品安全事件。

面对水产品食品安全问题，首先需要国家从水资源污染源头进行治理，为水产品养殖提供水资源保障；其次提高监管惩罚力度，减少市场中的不合标水产品，从供给角度提高水产品质量；最后还要做好消费者安全教育，减少水产品需求侧安全事件的发生。随着供给、需求、市场管理侧多方对水产品食品安全的重视，水产品消费还会进一步增加。

五、水产品消费的趋势

随着中国经济的发展、人民消费水平的提高，人们对水产品的需求日益增加，对水产品的消费理念与习惯也正在发生变化。

（一）渠道变化

由于水产品存在易腐烂、易变质等问题，因此我国居民在购买水产品时十分关注消费渠道的安全性、卫生性和方便性。结合当前我国居民采购水产品的现状，可以将消费渠道划分为集贸市场、超市、水产品专卖店、网上订购、路边摊、便利店和其他。在新冠肺炎疫情发生之前，大多数人选择去农贸市场、超市和水产品专卖店选购水产品。选择农贸市场主要是由于农贸市场水产品较丰富，种类繁多；选择去超市和水产品专卖店的原因是水产品的质量较高，购物环境好。当新冠肺炎疫情发生时，人们都处于居家状态，很难外出，所以开始选择网上订购的方式购买水产品。

整体而言，新冠肺炎疫情发生前后，水产品消费渠道变化表现出明显的"线下转线上"特征，居民对线上购买水产品的接受度明显提升。原来外出就餐或到批发市场、超市采购水产品的消费行为很大程度上被送货到家的新零售模式及社区服务所取代，消费者对无接触物流配送、社区生鲜店、社群团购等形式的接受程度增强。

（二）品级变化

受 2020 年新冠肺炎疫情影响，人们对水产品的消费慎之又慎，打击了人们消费水产品的积极性。短期内，国内消费进口水产品的意愿进一步下降。与疫情发生前相比，人们对于水产品的安全性愈加重视，对于价格和味道的要求降低。此外，人们更倾向于消费真空包装水产品加工食品。

虽受疫情的影响，人们对水产品的消费表现出一些变化，但是人们消费水产品的主要类型基本保持不变。疫情发生前后居民消费水产品的类型排在前三位的依然是淡水鱼、虾类和海水鱼。

（三）原产国变化

由于国际新冠肺炎疫情的蔓延，人们对进口水产品的消费意愿下降，国产水产品迎来利好。我国作为世界最大的水产品生产国、出口国，也是最大的水产品进口国和消费国，受新冠肺炎疫情影响，国际水产品需求低迷，我国水产品的产量和对主要市场水产品出口均有减少。我国水产品主要进口来源地为东盟、俄罗斯、厄瓜多尔、美国、加拿大、智利等。受国际新冠肺炎疫情持续蔓延影响，我国水产品进口量整体呈下降趋势，进口结构上高端水产品受到较大影响，尤其以龙虾、蟹类、鲑鱼、贝类等为主的高价值水产品的进口下滑趋势明显。

六、小结

本章主要介绍了水产品的消费情况。

首先，水产品是家庭餐桌上必不可少的食物，近些年来其供应量与需求量稳定，我国水产品生产量连续多年稳居全球首位，人均消费量基本维持在 11 千克左右。价格方面，根据相关统计数据，水产品价格指数稳中有降。

其次，地区消费差异方面，我国城镇居民人均水产品消费量在波动中趋于稳定，而农村居民人均水产品消费量稳中有增，农村居民的消费潜力得到有效释放并仍有上升空间。一部分省份和地区的生产量和消费量呈现出正相关态势，即生产量大，消费量也大，例如山东省和海南省等。消费品类上，我国居民主要消费鱼虾蟹贝藻类，其中，鱼类总产量最高，其次是贝类与虾蟹类，其产量都出现增长趋势，且海水产品产量高于淡水产品产量。由于受新冠肺炎疫情影响，人们更倾向于消费真空包装的水产品及水产品加工制品。由于国际疫情持续蔓延，高价值水产品的进口趋势下滑明显。

社区生鲜超市的消费情况方面，水产品波动明显，2 月与 8 月、9 月为水产品的销售旺季受季节及传统节日期间影响。消费环境上，由于电商物流的发展，冷链物流体系也得到了一定的进步，水产品受仓储和运输制约的压力减小，有利于进一步促进水产品消费向三、四线城市下沉。消费渠道上，人们通过线上购买的方式增多，尤其受 2020 年疫情影响，这一趋势变动更加明显。

总体来说，国内的水产品消费情况稳定，价格稳中有降，居民集中在对淡水鱼、虾类和海水鱼的消费上。电商的发展促进了冷链物流的进步，但国际方面，人们对于高端水产品的需求降低。

第六章

蔬菜水果类消费

随着我国经济形势向好，增长稳定，人民生活水平逐步提高，生活质量得到显著改善，更加注重饮食均衡与健康。其中，蔬菜和水果类食品由于含有大量维生素、矿物质和膳食纤维等，在保持心血管健康、增强抗病能力、减少儿童发生干眼症的危险及预防某些癌症等方面，起着十分重要的作用，消费者更加注重增加蔬菜和水果的摄入量，因此近年来蔬菜和水果类食品呈现整体增长的态势。

一、蔬菜水果类消费概况

（一）规模

据国家统计局数据显示，2015～2019 年我国蔬菜产量整体呈小幅上升趋势，由 2015 年的年产 66425.10 万吨增至 2019 年的年产 72102.56 万吨，增长率稳定维持在 2% 左右。水果产量由 2015 年的年产 24524.62 万吨增至 2019 年的年产 27400.84 万吨，增长态势整体呈现小幅波动。其中除 2016 年水果产量较前一年略有减少外，其他年份产量皆为上升趋势，增长率在 5% 上下波动（见图 6 - 1 和图 6 - 2）。

从人均消费量来看，2015～2019 年，蔬菜人均消费量整体呈稳定态势，变化呈"减—增—减"趋势，人均年消费量维持在 100 千克左右。其中 2016 年蔬菜人均消费量最高，为 100.1 千克，2018 年蔬菜人均消费量最低，为 96.1 千克（见图 6 - 3）。水果人均消费量整体呈逐年递增趋势，由 2015 年的人均消费 44.5 千克增至 2019 年的人均消费 56.4 千克，其中增长率维持在 5% 上下。2016 年增幅最大，较 2015 年增长了 8.54%，增幅整体呈波动趋势（见图 6 - 4）。

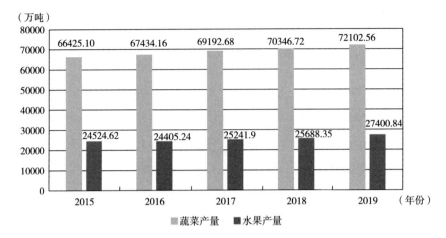

图 6 - 1　2015～2019 年中国蔬菜、水果产量统计

资料来源：国家统计局。

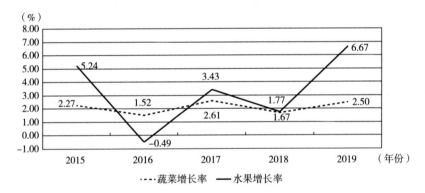

图 6 - 2　2015～2019 年中国蔬菜、水果产量变化统计

资料来源：国家统计局。

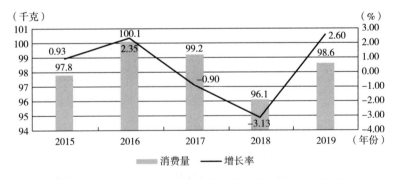

图 6 - 3　2015～2019 年中国蔬菜人均消费量及增长率统计

资料来源：国家统计局。

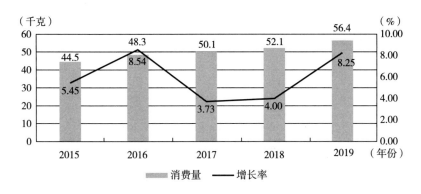

图 6 - 4　2015～2019 年中国干鲜瓜果人均消费量及增长率统计

资料来源：国家统计局。

本部分以 2009 年价格指数为基数，根据历年《中国统计年鉴》数据，列举出 2010～2019 年中国果蔬居民消费价格指数的变化情况。从图 6 - 5 中可以看出，截至 2019 年，我国菜类居民消费价格整体呈上涨态势，除个别年份（2014 年、2017 年）菜类居民消费价格指数小于 100，价格下降外，其余年份，菜类居民消费价格指数均大于 100，价格整体呈现上涨态势。干鲜瓜果类居民消费价格也呈现整体上涨的态势，个别年份果蔬价格下降。如 2010 年、2016 年价格指数低于 100，其他年份价格指数均超过 100。

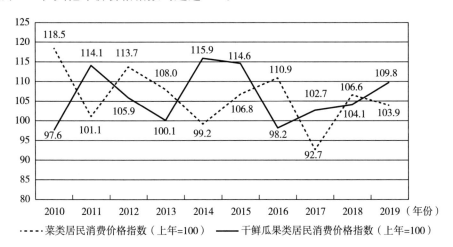

图 6 - 5　2010～2019 年中国果蔬居民消费价格指数

资料来源：国家统计局。

（二）结构

1. 消费结构

（1）蔬菜：2019 年，我国蔬菜消费结构整体呈现多元化趋势，消费保持小幅增长。其中总消费量为 5.32 亿吨，较上年上涨 1.8%。全年人均鲜食消费量 161 千克，鲜食消费占比 42.4%，加工消费占比 23.2%，加工消费增长相对较快，较上年上涨 2.7%。损耗占比 23.1%，仍然处于较高水平（见图 6-6）。

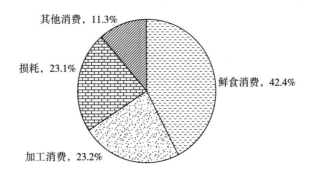

图 6-6 2019 年中国蔬菜消费结构

资料来源：《中国农业展望报告（2020-2029）》。

（2）水果：2019 年中国水果消费量持续增加，约为 2.64 亿吨。其中，水果鲜食消费和加工消费整体呈小幅增加态势。受人口增加、食物结构调整、收入水平提高、城镇化进程推进等因素影响，以鲜食为特征的直接消费是中国水果消费的主要方式，直接消费量估计为 1.29 亿吨，比上年增长 2.7%。同时，随着收入水平提高带来的消费升级，水果消费量在小幅增长的同时，消费者对果品的品质要求不断提高，更加青睐优质、特色、品牌水果，水果消费结构向多样化、优质化、品牌化转变。2019 年，水果加工消费量估计为 3423 万吨，比上年增长 2.8%。

2. 贸易结构

（1）蔬菜的进出口贸易情况。据农业农村部数据显示，2015~2019 年我国蔬菜贸易整体上出口量远高于进口量，是蔬菜出口大国。同时，蔬菜进口金额呈逐年递增趋势，蔬菜进口规模逐年扩大，2018 年的上升幅度明显高于前几年；蔬菜出口金额除 2018 年较上年略有下降外，整体呈稳步上升趋势。蔬菜进出口局势整体向好（见图 6 – 7）。

图 6 – 7　2015～2019 年中国蔬菜进出口统计

资料来源：中国农业农村部数据。

我国蔬菜进口规模较大的品类为蔬菜种子，其次为马铃薯、辣椒、甜玉米、胡椒和豌豆等，整体规模不大，主要用途是种用、特色品种调节和加工。出口优势品种包括蘑菇、大蒜、木耳、番茄、辣椒、生姜、洋葱、胡萝卜等。

（2）水果的进出口贸易情况。数据显示，2015～2019 年我国水果贸易整体上进口量高于出口量，呈现出贸易逆差。水果进口金额除 2016 年较上年减少外，其余年份进口额均高于上年进口额，2018 年上涨幅度尤为明显；水果出口额除 2017 年较上年略有下降外，其余年份出口额均高于上年出口额（见图 6 – 8）。

2019 年向中国出口水果的前十名清单国按照进口值从高到低的顺序排列，依次是泰国、智利、菲律宾、越南、新西兰、澳大利亚、秘鲁、厄瓜多尔、南非和美国。按进口值统计，排名前九位的水果类别是新鲜榴莲（16 亿美元，同比增长 47%）、新鲜樱桃（14 亿美元，同比增长 7%）、香蕉（11 亿美元，同比增长 22%）、山竹（7.9 亿美元，同比增长 128%）、新鲜葡萄（6.4 亿美元，同比增长 10%）、新鲜猕猴桃（4.5 亿美元，同比增长 11%）、新鲜龙眼（4.2 亿美元，同比增长17%）、橙子（4亿美元，同比下降8%）和新鲜的火龙果（3.6亿美元，同比下降9%）。这九个主要类别占进口总值的75%。

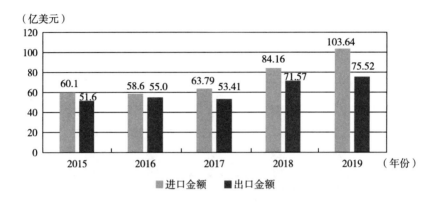

（亿美元）

图 6 - 8　2015～2019 年中国水果进出口统计

资料来源：国家统计局，农业农村部，中国海关，智研咨询。

中国2019年表现最好的出口水果类别主要包括新鲜苹果（12.5亿美元，同比减少4%）、新鲜葡萄（9.9亿美元，同比增长43%）、其他柑橘（包括小蜜橘和萨摩蜜柑橘，8.4亿美元，同比减少3%）、鲜梨（5.7亿美元，同比增长8%）、鲜桃和油桃（2亿美元，同比增长119%）、葡萄柚（1.9亿美元，同比减少3%）、柠檬和酸橙（1.6亿美元，同比增长61%）、其他水果（2.1亿美元，同比增长104%）。按价值计算，这八个类别约占中国水果出口的80%。

（三）国际比较

不同国家和地区之间的消费结构差异明显，而每个国家的消费结构会随着时间推移发生较大变化。下面以图表的形式展现这些变化，并着重比较不同国家在1961年、1981年、2001年以及2011年果蔬消费量的具体变化（见图6 - 9）。

首先，整体来看，我国人均果蔬消费量世界最高，这与我国的饮食习惯有很大关系，中国人讲究营养均衡，注重不同食物摄入量的均衡。其次，中国领土广阔，适合农耕土地范围也广，生产量丰富。另外还有一些历史与宗教因素。其他国家中发达国家果蔬消费比较稳定，新兴发展中国家与贫困国家有一定程度的提升，未来具有较大的市场发展空间。

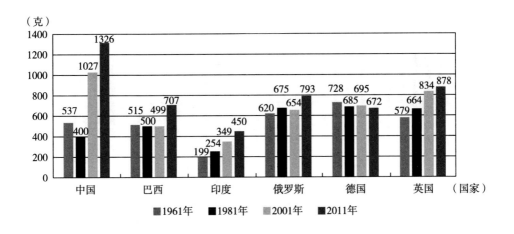

图6-9　不同国家和地区果蔬消费比较

资料来源：中国果汁网。

二、蔬菜水果类消费的地区差异

（一）全国

由于经济状况、地理条件、饮食习惯、城乡二元结构等因素，我国不同地域的城乡水果、蔬菜消费特征不同，根据国家统计局2019年数据，本章根据不同地域城乡蔬菜、水果消费量的不同特点分为四类地区。

蔬菜消费地区差异特点：①城镇与农村消费量均较高，代表地区有北京、湖北、重庆、四川；②城镇与农村消费量均较低，代表地区有山西、贵州、青海、西藏；③城镇消费量与农村消费量差距较小，代表地区有浙江和上海；④城镇与农村消费量差异悬殊，代表地区有甘肃、新疆、河南（见图6－10和表6－1）。

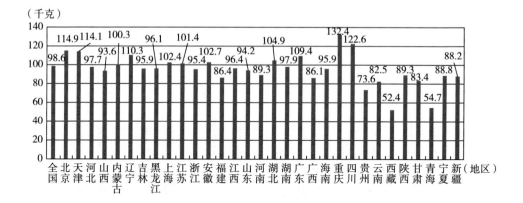

图6－10　2019年蔬菜及食用菌分地区人均消费量统计

资料来源：国家统计局。

表6－1　2019年各地区城乡居民蔬菜及食用菌消费情况　　　　单位：千克

地区	城镇居民年人均蔬菜及食用菌消费量	农村居民年人均蔬菜及食用菌消费量	地区	城镇居民年人均蔬菜及食用菌消费量	农村居民年人均蔬菜及食用菌消费量
全国	105.8	89.5	河南	104.5	76.3
北京	115.9	108.9	江西	107.2	85.4
上海	102.9	98.1	内蒙古	109.8	86.2
西藏	97.0	36.1	湖北	94.2	118.6
安徽	106.2	99.3	山西	102.6	83.2
江苏	105.7	93.2	甘肃	115.3	60.4
浙江	95.4	95.3	新疆	103.2	75.3
重庆	125.7	142.6	青海	64.7	44.8
陕西	106.7	70.4	云南	93.7	74.4
福建	82.8	92.2	广西	94.6	79.0
天津	116.4	103.5	河北	111.8	83.3
山东	103.3	82.5	贵州	76.2	71.8
四川	131.2	115.2	湖南	107.3	88.3
广东	110.6	106.8	黑龙江	101.4	88.7

续表

地区	城镇居民年人均蔬菜及食用菌消费量	农村居民年人均蔬菜及食用菌消费量	地区	城镇居民年人均蔬菜及食用菌消费量	农村居民年人均蔬菜及食用菌消费量
宁夏	95.5	80.9	吉林	104.2	85.5
辽宁	119.4	92.2	海南	99.5	91.5

资料来源：国家统计局。

水果消费地区差异特点：①城镇与农村消费量均较高，代表地区有北京、上海、天津、宁夏。这类地区的主要特点是经济发达，城乡居民的收入高，居民对水果的营养价值认知全面，如北京、上海，或其地区水果生产量高，供给丰富，如宁夏。②城镇与农村消费量均较低，代表地区有青海、西藏、云南、海南，这类地区经济不发达，居民收入较低，多地处西部，环境条件恶劣，不适宜水果种植，水果运输也不便利。③城镇消费量与农村消费量差距较小，代表地区有安徽、浙江、甘肃。这类地区的特点是城乡经济收入差距小，如地处东部地区城乡收入都较高的浙江，地处西部地区城乡收入都较低的甘肃。④城镇与农村消费量差异悬殊，代表地区有陕西和吉林。其主要特点是地处中部地区，城镇经济比较发达，但是农村经济依然比较落后，城乡收入差距大，两者购买力差距大（见图6-11和表6-2）。

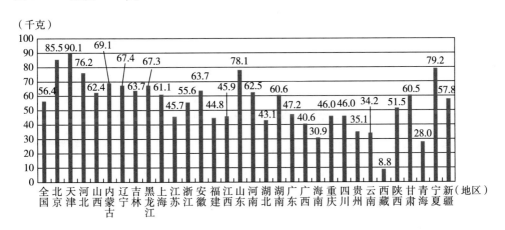

图6-11　2019年干鲜瓜果类分地区人均消费统计

资料来源：国家统计局。

表6－2　2019年各地区城乡居民干鲜瓜果类消费情况　　　单位：千克

地区	城镇居民年人均干鲜瓜果类消费量	农村居民年人均干鲜瓜果类消费量	地区	城镇居民年人均干鲜瓜果类消费量	农村居民年人均干鲜瓜果类消费量
全国	66.8	43.3	河南	73.9	52.8
北京	87.1	75.3	江西	56.9	34.7
上海	61.9	54.0	内蒙古	82.8	48.7
西藏	19.9	4.7	湖北	50.9	32.9
安徽	70.6	56.9	山西	77.5	44.9
江苏	51.8	33.8	甘肃	92.3	37.5
浙江	62.1	42.8	新疆	73.5	44.0
重庆	52.8	35.5	青海	38.0	18.1
陕西	71.3	30.0	云南	50.1	22.7
福建	48.5	38.8	广西	52.2	30.8
天津	90.8	86.8	河北	88.6	63.6
山东	87.6	65.9	贵州	46.8	27.0
四川	58.7	34.9	湖南	70.8	50.3
广东	53.9	32.5	黑龙江	76.4	54.6
宁夏	84.6	72.8	吉林	79.3	44.2
辽宁	81.7	39.1	海南	39.6	20.2

资料来源：国家统计局。

据国家统计局数据，2014～2019年，我国城镇居民蔬菜和水果的人均消费量均高于农村居民，特别是在水果消费上差异明显。从增长趋势上看，蔬菜增长趋于稳定，水果则增长缓慢。同时，农村居民人均消费增长率高于城镇居民，存在明显的市场空间。

究其原因，一方面是城镇地区经济水平高于农村地区，购买力更强，另一方面是城镇居民文化素质更高，对于营养的均衡认知更加全面，注重对蔬菜包含营养的摄入。城镇及农村近五年干鲜瓜果人均消费都呈逐年递增趋势，这与果蔬贮存保鲜业的发展密不可分。冷链技术的发展，使水果冷藏与运输克服了技术困难，同时由于人们生活水平与保健意识的增强，水果需求量增加。近年来，出现了更多水果专卖店、生鲜电商企业，人们购买生鲜产品也更加便利（见图6－12和图6－13）。

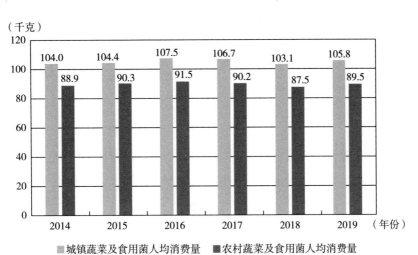

图 6-12 2014~2019 年城镇和农村蔬菜及食用菌人均消费量统计

资料来源：国家统计局。

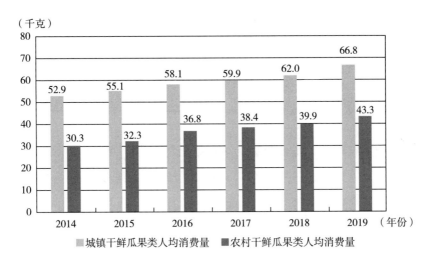

图 6-13 2014~2019 年城镇和农村干鲜瓜果类人均消费量统计

资料来源：国家统计局。

（二）城市差异

蔬菜水果类消费的城市差异主要表现为一、二线城市市场饱和，三、四线城市市场崛起。

在水果消费方面，一、二线城市市场已呈现饱和态势，很难再有快速的增长。而在三、四线城市和县城地区，随着城乡居民收入水平提高，对于水果的消费需求也在增多，所以三、四线城市的水果需求会越来越多，水果零售市场还有很大的发展空间。

蔬菜行业的发展区域也在发生微妙的变化，主要体现为：一线城市饱和，二、三线城市角逐开启。以前因为小城市或者乡镇消费者具有自给自足的能力，所以蔬菜的主要消费市场在城市，尤其是一线城市。然而随着城镇化的不断推进以及人们生活水平的提高，对于蔬菜品种多样化和质量水平的要求也越来越高。这种需求最直观的体现就是，二、三线农批市场越开越多。现在，已经有很多批发商开始转战二、三线市场。

三、不同蔬菜水果类的消费比较

（一）蔬菜

据全国城市农贸中心联合会统计的数据显示，2017 年，全国销量前十的蔬菜品种为：土豆、萝卜、白菜、番茄、黄瓜、洋葱、冬瓜、豆角、大葱、菜花。其中，土豆的销量遥遥领先，仅北京新发地市场 2017 年一年土豆的销售量就达到了 43.8 万吨。在全国七大片区的 2017 年统计数据中，东北片区销量最高的蔬菜，却与其他六个片区不同，黄瓜成为销量最高的蔬菜品种，仅哈尔滨哈达果菜批发市场，2017 年的销量就达到了 39906 吨。

居民对蔬菜的消费需求在提升，由原来更多的是土豆、白菜等，现在增加一些新品种；另外，农业改革、供给侧改革调整以后，蔬菜大棚数量增多，新增大棚品种主要为黄瓜、西红柿、青椒等高价菜。先进的农业技术加速了农产品产量上升、市场货源供应充足，即便是东北区域的消费者也能够一年四季吃到最新鲜的蔬菜。

（二）水果

据全国城市农贸中心联合会统计的数据显示，2017 年度销量前十的水果品种为：西瓜、苹果、葡萄、柑橘、香蕉、猕猴桃、梨、桃、菠萝、芒果。2017年全国八大片区的水果销量排行榜中，华南片区的水果榜单显得格外特别，排在前五名的都是进口水果：进口榴莲、进口提子、进口龙眼、进口橙子、进口火龙果。数据显示，我国进口水果总量每年都有 5% ~ 10% 的稳定增长。

四、蔬菜水果类消费环境变化

（一）冷链技术的发展

数据显示，近年来，我国冷链物流市场规模呈快速扩大趋势，尽管 2018 年中国经济形势面临下行压力，但中国冷链物流市场仍旧保持快速增长，取得了诸多积极变化。2018 年中国冷链物流需求总量约为 1.8 亿吨，比上年增加 3300 万吨，同比增长约 22%；冷链物流市场规模为 3035 亿元，比上年增加 485 亿元，同比增幅约为 19%。

国外 2016 年的预冷保鲜率和冷藏运输率已经达到 80% 以上，而果蔬运输损失率只有 5%，有完善高效的冷链网络得以维持。相对于国内，预冷保鲜率只有30%，冷藏运输率不足 50%，果蔬运输损失率就达到了 20%，没有完善的冷链网络支撑，凸显国内的冷链基础设施亟须改善。另外，国内冷链基础设施建设与配套设备不足已严重制约了冷链行业的发展，人均冷链设备拥有率为 1.8% 左右，显著低于其他可比国家的人均冷链设备拥有率（见表 6 - 3）。

综上所述，我国冷链物流业处于快速发展阶段，这对蔬菜水果的运输、冷藏非常有利，可以促进果蔬消费。但是我国冷链物流相关设施尚未完善，与发达国家还有一定的差距，有提升空间。

表6-3 国内外冷链基本情况对比

地区	预冷保鲜率（%）	冷藏能力（万吨）	果蔬运输损失率（%）
国外	80~100	8000	5
国内	30	700	20~40

地区	冷藏运输率（%）	冷藏运输能力	冷藏运输网络
国外	80~90	美国冷藏车16万辆，保温车6万辆。日本冷藏、保鲜车共12万辆	基本建成高效冷链网络
国内	≤50	国内冷藏、保鲜车共11.5万辆	尚未形成完整冷链网络

资料来源：中物联冷链委，艾媒数据中心。

（二）精准扶贫

表6-4列举了一些国家制定的有关助农政策和条例，这显示出我国积极重视农业发展，出台了很多优惠政策，对保证蔬菜水果源头的稳定供应非常有利。

表6-4 上游政策环境：改革以市场化为主线

时间	机构	政策
2018年1月	《中共中央 国务院关于实施乡村振兴战略的意见》颁布	属于纲领性文件，为我国农业发展指明了方向，具有指导意义
2018年1月	《2018年种植业种植重点》发布	结构调整、提质增效是2018年工作重点
2018年2月	2018年稻谷最低收购价格公布	主粮市场改革持续推进，价补分离有望让粮价逐步走向市场化
2018年4月	习近平考察国家南繁科研育种基地	明确了种业的重要战略地位，行业提质增效的抓手为品种
2018年5月	《乡村振兴战略规划（2018-2022年)》和《关于打赢脱贫攻坚战三年行动的指导意见》审议通过	农业发展阶段性目标方向划定，显示出国家对农业产业发展的高度重视

时间	机构	政策
2018 年 7 月	财政部、农业农村部、银保监会联合下发《关于将三大粮食作物制种纳入中央财政农业保险保险费补贴目录有关事项的通知》	将水稻、玉米、小麦三大粮食作物制种纳入中央财政农业保险保险费补贴目录，从风险保障层面扶持制种产业
2018 年 11 月	国家公布 2019 年小麦最低收购价	粮食市场化改革持续推进，"价补分离"有望让价逐步走向市场化
2019 年 2 月	2019 年农业一号文件	农业农村优先发展，提高行业经营质量

资料来源：国务院，农业部，财政部。

（三）其他环境影响

蔬菜国际贸易将面临新形势、新挑战。中国与发达国家及其他发展中国家的贸易争端都有发生，而大国博弈将使农产品贸易局势更加复杂多变，未来很可能频繁出现个别品种甚至许多品种进出口量剧烈变化的可能。除了因国内人工、技术、服务成本增加等导致比较效益增长减缓的内部因素以外，蔬菜产品质量安全水平及相对应的技术性贸易壁垒是中国蔬菜及其加工制品出口面临的最大不确定性因素。

五、蔬菜水果类消费的趋势

（一）渠道变化

1. 农产品零售渠道多元化发展

农产品零售渠道呈现出多元化发展的趋势，平台电商（阿里/拼多多/京东等）、社群渠道（云集/贝店/环球捕手等）、社区团购（全国的十荟团/兴盛优选/美家优享/松鼠拼拼等、区域的济南小熊乐等）、O2O 社区生鲜店（谊品生鲜/生鲜传奇/云菜园等）等零售渠道百花齐放，让消费者可以从线上、线下、社区、卖场等多个地方购买到新鲜的蔬果产品。

2. 社区生鲜电商形式多种多样

线上线下结合，是水果零售行业的适宜形式。社区团购也成为最近生鲜电商行业的一个重要发展趋势。数据显示，到 2020 年我国社群电商商户规模达 2400 万户，市场规模将突破万亿元，未来三年该行业将有 10 倍以上的拓展空间。社区团购如火如荼，而生鲜水果则成为这股浪潮中的主力军。依靠运营线上接单，店面作为周转仓，这样提高了时效性，缩短了配送时间，顾客拿到水果品尝的时间更短，购买体验更好。同时，减少了普通电商模式购买水果类生鲜产品在运输途中产生的损耗，水果商品的质量有所把控，提高了顾客复购率。最重要的是降低了运输、损耗等经营成本。此外，联合周边果蔬生鲜基地做社区团购，"抱团取暖，共享经济"为顾客精选优质的产品。

（二）品级变化

1. 蔬菜

近些年，随着人们生活水平的逐渐提高，对于蔬菜的需求也发生明显变化。第一个明显变化是消费者对行业品质的要求继续提升，蔬菜次货的生存空间逐渐减小。以前消费者对蔬菜品质要求分化较大，有人对质量要求较高，有人对性价比却较为在意。然而，近些年却呈现出新趋势：好货易出手，次品难生存。这既是人民生活水平不断提高的一个表现，也是蔬菜行业发展的一个必然结果。另外，为了买到优质的蔬菜，消费者更加青睐品牌蔬菜。传统的交易方式向来是"见菜如面"，好货差货一目了然，然而这种形式耗费了大量人力物力，周期长且灵活性低。近年来，随着品牌概念的深入普及，市场逐渐涌现出一批专门做品质蔬菜的品牌，让客户"闻名如见面"。一些收货商、批发商因此走上了品牌的道路，经营效果显著。

2. 水果

近年来，社会消费升级的步伐加快，落实到水果零售方面，表现为消费者购买水果时更加注重品质、品牌。据百果园的《2018 百果园春节水果消费报告》显示，樱桃、草莓、水果礼盒、金太阳蜜瓜、砂糖橘、圣女果成为 2018 年春节最受欢迎的前六名水果，而且消费者大多选择国内外的知名品牌，进口的高端水果十分受欢迎。这在一定程度上反映了水果消费日趋品牌化的趋势。消费者越来越重视水果的品牌和品质，未来发展空间较大。

六、小结

本章主要介绍了蔬菜水果的消费情况。

首先，蔬菜水果是人体重要的维生素来源。在供给上，我国的蔬菜水果产量呈小幅上升趋势，这得益于我国制定的优惠助农政策及精准扶贫的条例提升了果蔬的产量。在需求上，消费者对于蔬菜的消费则呈现出稳定态势，人均年消费量维持在 100 千克左右。对于水果的消费则呈现出逐年增长的态势，这与近年消费者更加注重饮食的平衡摄入、经济水平的发展有很大关系，并且人们越来越看重果蔬的质量，果蔬品牌化、高端化趋势明显。在价格上，根据统计数据显示，我国果蔬类产品的消费价格呈整体上涨态势。

其次，消费结构上，鲜食消费占蔬菜消费的近一半比重，然后是加工类产品消费。但是蔬菜损耗较大，这也与其本身特性有关。水果消费上，人们越来越注重新鲜性与营养价值。在贸易方面，我国蔬菜的出口额逐年递增，是出口大国。进口金额则整体呈现稳步上升趋势，整体进出口局势向好。水果方面的进口金额一直高于出口金额，呈现贸易逆差，其中泰国是对中国出口的最大国。在国际消费比较上，我国是世界上最大的蔬菜水果消费国，这与我国的国情和饮食习惯有关，也与一些历史与宗教因素有关。在地区消费上，城镇间及省份间的差异较大，但总体而言，经济发达地区消费量较高，但三、四线市场正在迅速崛起。在消费结构上，居民除了对一些常见的蔬菜保持需求稳定外，还对一些新品种有了更高的需求，这依赖于农业的供给侧改革以及农业生产技术的提升。在消费环境上，物流冷链技术的发展促进了水果市场的扩大，同时降低了运输成本。但相比于发达国家，我国的物流技术还有很大的提升空间。在渠道消费上，新零售的发展越来越深入百姓，它不仅提升了效率，还降低了价格，深受人民喜爱。这是未来生鲜销售的重要方向。

　　总体来说，蔬菜水果的消费状况良好，需求稳定，而且消费升级的步伐加快，未来前景广阔。

第七章

加工食品类消费

加工食品是指原料食品经过加工后所得到的各种加工层次的产品，根据不同分类方法，加工食品可分为不同种类。根据加工程度的不同，可分为成品和半成品；根据加工食品原料的不同，可分为粮食制品、淀粉制品、蔬菜制品、水果制品、肉制品、禽制品、蛋制品、乳制品等。加工食品在社区生鲜超市中是不可缺少的一个分类，社区居民在购买生鲜食品的同时也会购买大量的加工食品作为必要的补充。

一、加工食品类消费概况

（一）规模

我国食品加工业是重要的民生工程之一，目前大众消费群体中与食品消费相关的产品主要以健康和中高端导向为主，居民的消费意识逐渐向健康型、快捷型、享受型转变。互联网购物的普及、居民消费意识的转变以及消费能力的提升，促进了加工食品类消费规模的稳步增长。

据中商产业研究院数据显示，我国食品制造产业的存货数量和产成品数量整体呈现平稳增长态势。2013～2019 年，我国食品制造产业的存货值由 1254.96 亿元增加到 1778.4 亿元，产成品的数值从 532.52 亿元增加到 758.3 亿元。可以发现，我国食品制造业整体保持稳定增长趋势（见图 7-1）。

（二）结构

中华人民共和国国家标准规定食品制造业主要包括烘焙类食品制造，糖果、巧克力及蜜饯制造，方便食品制造，乳制品制造，罐头食品制造，调味品、发酵制品制造和其他食品制造。农副食品加工业主要包括谷物磨制、饲料加工，植物油加工，制糖业，屠宰及肉类加工，水产品加工，蔬菜、菌类、水果和坚果加工以及其他农副食品加工。本部分选取食品制造业中方便食品制造分类下的速冻食品制造以及农副产品加工业中的制糖业和食用油进行分析。

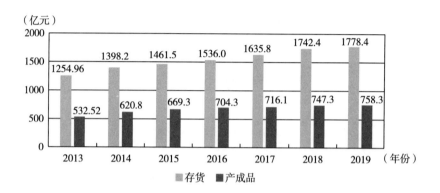

图7-1 2013～2019年中国食品制造业存货和产成品统计

资料来源：中商产业研究院。

1. 速冻食品消费结构

速冻食品根据材料构成主要可以分为四种：水产速冻食品、农产速冻食品、畜产速冻食品、调理类速冻食品。其中，调理类速冻食品又分为：中式点心类（汤圆、水饺、烧卖、包子、炒饭等）、火锅类调料（鱼饺、鱼丸、贡丸等）、裹面油炸类（鸡块、可乐饼、鱿鱼排）、菜肴料理类（三杯排骨等）、糕点点心类（芝麻球、比萨饼、各式冷冻蛋糕等）。

中国物流与采购联合会冷链物流专业委员会的数据显示，近三年我国速冻食品产量以7%以上的速度增长。2019年，我国速冻食品行业产量达1802万吨，同比增长7.4%。《中国速冻食品行业产销需求与投资预测分析报告》统计数据显示，2010年到2018年，我国速冻食品行业销售收入呈波动增长趋势。2015年，中国速冻食品行业销售收入下降至778.98亿元，同比下降0.42%，随后进入上升通道。2019年，我国速冻食品行业销售收入达到了1265亿元，同比增长10.1%。

2. 成品糖消费结构

成品糖是指以甘蔗、甜菜为原料通过压榨取得的产品。目前成品糖生产最主要的原料是甘蔗，其次是甜菜。以成品糖为代表的食糖作为人们生活中不可或缺的原料，与人们的生活息息相关。据国家统计局数据显示，我国成品糖的产量总体呈下降趋势。2013～2019 年，我国成品糖产量持续下降，2018 年产量为 1198.77 万吨，达到了近些年成品糖产量的最低点。截至 2019 年，我国成品糖产量仅为 1389.4 万吨（见图 7-2）。

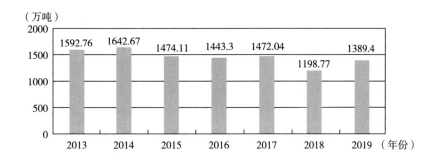

图 7-2　2013～2019 年中国成品糖产量

资料来源：国家统计局。

据中国糖业协会的官方数据，2018 年我国成品糖消费中工业消费占比约为 58%，主要分布在食品加工、凝固剂、去污剂等行业。民用消费占比仅为 42%，未来随着食品加工业的不断发展和居民生活水平的提高，对成品糖的需求将不断提升（见图 7-3）。

3. 食用植物油消费结构

食用植物油是指以食用的植物油料为原料，采用机械压榨或溶剂浸出并经过适当加工及精炼制成的食用油脂产品。在日常饮食中有多种食用植物油，大宗的如大豆油、菜籽油、花生油、葵花籽油、玉米油、芝麻油等；小宗的如油茶籽油、亚麻籽油、核桃油、米糠油等，后者又称特种植物油。另外，还有用上述几种油品经科学调配制成的食用植物调和油。

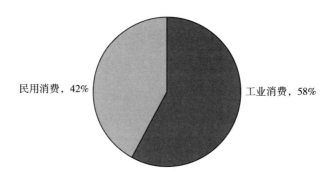

图 7 - 3　2018 年中国成品糖消费结构

资料来源：中国糖业协会。

　　随着我国居民生活水平的提高，我国食用植物油的消费量呈现先增长后下降的趋势。艾媒数据中心数据显示，2010～2016 年，我国食用植物油呈现增长趋势，并且在 2016 年销售数量约高达 6574.4 万吨；2016～2018 年，销售数量呈现下降趋势，2019 年出现小幅上升，但仍低于 2016 年与 2017 年数据，未来我国食用植物油销售量可能会继续保持波动下降的趋势（见图 7 - 4）。

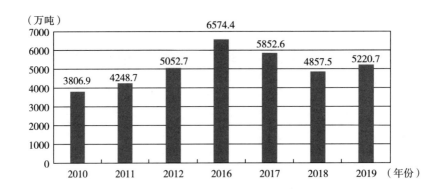

图 7 - 4　近年中国精制食用植物油累计销售量统计

资料来源：艾媒数据中心。

　　中国食用植物油的品种较为丰富，主要有大豆油、菜籽油、芝麻油、油茶籽油、米糠油、亚麻籽油、玉米油、红花籽油等。其中，棕榈油主要从马来西亚和印度尼西亚进口，橄榄油则主要从西班牙等地中海国家进口。前瞻产业研究院数据显示，2018年大豆油和菜籽油消费量在我国食用植物油总体消费量中的占比分别为43.10%和22.10%，大豆油和菜籽油已成为我国食用植物油消费的主要品类（见图7-5）。

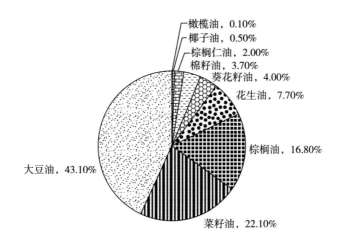

图7-5 2018年中国食用植物油产品消费结构占比统计

资料来源：前瞻产业研究院。

（三）国际比较

1. 速冻食品消费情况

速冻食品主要具有营养价值高、方便、卫生、快捷等特点。从国际速冻食品消费经验来看，经济越发达、生活节奏越快、社会分工越明细，对于营养方便的速冻食品的需求就越旺盛。前瞻产业研究院发布的《速冻食品行业产销需求与投资预测分析报告》数据显示，全球速冻食品市场产量逐年增加，从1999年的804亿美元增长到2017年的1601亿美元。

从2019年世界主要国家人均速冻食品消费量来看，美国是人均速冻食品消费量最多的国家，达到60千克；欧洲人均速冻食品消费量为35千克；日本人均速冻食品消费量为20千克；我国人均速冻食品消费量仅为9千克（见图7-6）。

中国人均速冻食品消费量低一方面与该类食品加工业的发展程度相关，另一方面也与中国人的饮食习惯密切相关，国人更偏爱新鲜食品而将速冻食品作为备用品购买。与发达国家相比，我国人均速冻食品消费量仍有很大提升空间。

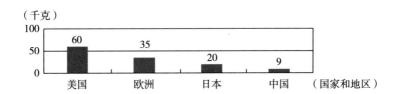

图7-6 2019年世界主要国家人均速冻食品消费量

资料来源：艾媒数据中心。

2. 烘焙食品消费情况

随着居民生活水平的提升和饮食习惯的改变，我国烘焙食品人均消费量呈现逐年上升的趋势。中国食品工业协会烘焙专业委员会统计数据显示，2013～2019年，我国烘焙食品人均消费量由5.40千克上升到7.80千克；2016年，我国烘焙食品人均消费量为6.58千克，相较于2015年下降了0.02千克，但在此后的2017年至2019年，我国烘焙食品人均消费量均呈现逐年增加的趋势（见图7-7）。未来随着我国居民收入与消费的不断增加以及居民对更高生活质量不断提升的要求，预计未来我国烘焙食品人均消费量将会继续增长。

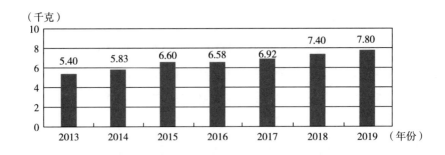

图7-7 2013～2019年中国烘焙食品人均消费量统计

资料来源：中国食品工业协会烘焙专业委员会。

虽然我国烘焙食品人均消费量呈现逐年增加的趋势，但与发达国家相比，仍有较大的增长空间。前瞻产业研究院统计数据显示，2019 年墨西哥的人均烘焙食品消费量约为我国的 17.1 倍，意大利为 14.9 倍，德国为 11.3 倍，法国为 9.7 倍，英国为 6.6 倍（见图 7 - 8）。

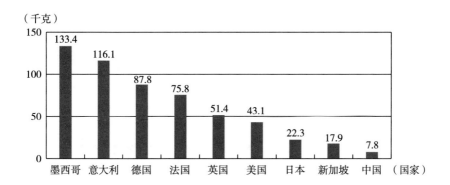

图 7 - 8　2019 年全球部分国家和地区人均烘焙食品消费情况

资料来源：前瞻产业研究院。

二、加工食品类消费的地区差异

（一）全国差异

1. 加工食品类消费的城乡差异

城镇居民与农村居民对加工食品类的消费偏好存在差异。以食用油为例，国家统计局数据显示，2013 ~ 2019 年，我国城镇居民人均食用油消费量由 10.90 千克下降到 9.20 千克，整体呈先上升后下降的趋势；农村居民人均食用油消费量由 10.30 千克下降到 9.80 千克，整体呈波动稳定趋势。2017 年以前，城镇居民人均食用油消费量高于农村居民人均食用油消费量，2018 ~ 2019 年，农村居民人均食用油消费量超过城镇居民人均食用油消费量（见图7-9）。

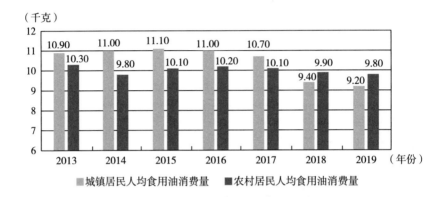

（千克）

图7-9　2013～2019年我国城乡居民人均食用油消费情况

资料来源：国家统计局。

城乡居民人均食用油消费存在差异的原因体现为两个方面，一方面，农村居民的人均可支配收入大幅提升，对生活改善的需求增加；另一方面，城乡生活方式的差异导致居民对食用油消费的偏好存在差异。生活水平较高的城镇居民开始追求更高的生活质量，"少盐、少油、少糖"等健康生活理念影响着城镇居民的消费结构，使城镇居民人均食用油消费量呈现下降的趋势。

2. 加工食品类消费的地域差距

由于经济状况、地理条件、饮食习惯、城乡二元结构等因素，我国不同地域的城乡加工食品类的消费特征不同。以食用油为例，根据不同地域城乡食用油消费量的不同特点分为四类地区（见图7-10和图7-11）：①城镇与农村消费量均较高，代表地区有西藏、重庆、湖北、江西、黑龙江；②城镇与农村消费量均较低，代表地区有内蒙古、山西、云南、广西、河北、贵州；③城镇消费量高于农村但差距较小，代表地区有江西和湖南；④城镇与农村消费量差异悬殊，代表地区有西藏、黑龙江。

消费习惯对于东中西部居民食用植物油消费量也会产生影响。对于东部地区居民来说，所获取的健康信息对食用植物油消费水平具有明显的负向作用。预计东部地区居民食用植物油人均消费水平将保持稳定甚至出现一定的下降趋势；中部和西部地区由于消费习惯和饮食习惯的不同，居民食用油消费水平将持续增长。

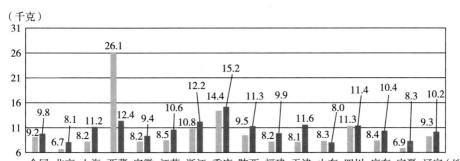

图 7-10　2019 年各地区城乡居民人均食用油消费情况（a）

资料来源：国家统计局。

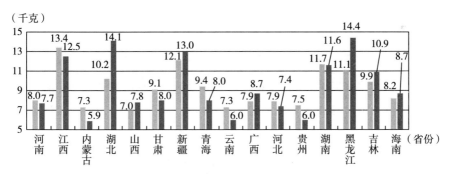

图 7-11　2019 年各地区城乡居民人均食用油消费情况（b）

资料来源：国家统计局。

（二）城市差异

目前，中国一、二线城市仍是加工食品类消费的重要阵地，但已经不是增长最快的地方，增速放缓明显。一、二线城市消费者逐渐趋向于理性消费，对加工食品类的需求开始转向多元化和个性化。

对三、四线城市而言，人均可支配收入的提升和消费观念的转变进一步提升了其购买力，促使加工类食品市场规模进一步扩大。销售渠道的下沉为三、四线城市消费者购买加工类食品提供了充足的便利性。电子商务的快速发展突破了产品品类与地域的限制，并凭借其价格优势获得消费者的青睐，这推动了三、四线城市加工类食品消费快速增加，并且消费增速领先。

三、不同加工食品类的消费比较

（一）休闲食品

休闲食品是加工食品类行业销量较多的品类之一，也是当前快速消费品的一类，主要类型有干果、膨化食品、糖果、肉制食品等。生活水平的提升推动人们的消费结构发生转变，休闲零食逐渐成为消费者日常消费的重要品类之一。伴随着消费升级，消费者对于休闲食品的需求也从过去简单追求味道口感逐渐向多元化方向发展，休闲食品的质量、品质、类型以及一些个性化需求的表达成为消费者关注的重点。

国际咨询机构 Frost & Sullivan 数据显示，2012～2019 年，我国休闲食品行业市场发展迅速，年复合增长率达 12.1%。2019 年我国休闲食品行业市场规模达到 11430 亿元，同比增长 11.0%。从近几年我国休闲食品行业市场规模整个变化趋势来看，我国休闲食品行业将呈现出长期稳定增长的态势（见图 7-12）。

2019 年美国休闲食品人均消费额为 153.6 美元，英国休闲食品人均消费额为 106.5 美元，日本休闲食品人均消费额为 89.8 美元，而中国休闲食品人均消费额仅有 14.2 美元（见图 7-13）。与发达国家相比，我国休闲食品人均消费额仍处在较低水平，这也表明我国休闲食品行业具有巨大的发展潜力。

图 7 - 12　2012～2019 年中国休闲食品行业市场规模统计及增长情况

资料来源：Frost & Sullivan，前瞻产业研究院。

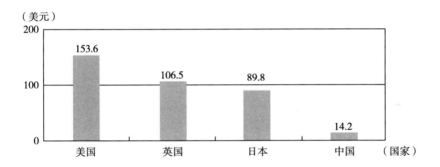

图 7 - 13　2019 年全球主要国家休闲食品人均消费额对比情况

资料来源：Frost & Sullivan，前瞻产业研究院。

（二）豆制品

豆制品是指以红豆、绿豆等豆类为主要原料，经加工而成的食品，分为发酵性与非发酵性两大类。发酵性豆制品主要包括豆豉、纳豆、腐乳、发酵豆浆和其他发酵豆制品，非发酵性豆制品主要包括豆粉类、豆浆类、豆腐类、油炸类、卤制类、炸卤类、腐竹类、膨化类、大豆蛋白类等。

近几年来，由于国内生产总值稳步增长、人均收入与支出逐年增长、健康消费理念逐渐深入人心，我国豆制品行业发展迅速。自 2017 年以来，我国城镇居民人均豆类食品消费量逐年增长，2019 年我国城镇居民人均豆类食品消费量为 9.5 千克（见图 7－14）。在我国豆制品人均消费量逐年增长的趋势下，我国豆制品行业规模也呈稳定增长态势。数据显示，2019 年我国豆制品 TOP 50 企业销售额为 265.90 亿元，同比增加 32.19 亿元；2019 年我国规模以上企业利润约为 65 亿元，同比增加近 5 亿元。

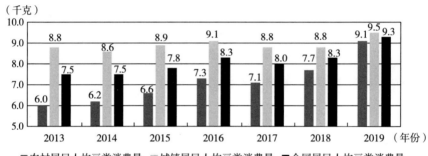

图 7－14　2013～2019 年我国人均豆类消费量

资料来源：国家统计局。

四、加工食品类消费环境变化

（一）中美贸易争端

贸易争端对于中国的经济发展影响巨大，对于我国加工食品类市场也产生了一定的影响。一直以来，美国是我国罐头出口市场最大的国家。2017 年，中国对美出口罐头 39.5 万吨，占中国当年罐头总出口量的 14.5%；出口额 7.0 亿美元，占中国当年罐头总出口额的 14.3%。中美贸易争端的爆发增加了我国产品出口美国的关税，对我国罐头市场带来巨大冲击。尤其是橘子罐头，因为应对欧洲反倾销限制尚未撤销，导致产品国际可转移空间受限，产业受到严重影响。

中美贸易争端对于豆制类加工食品也会造成影响。中国是全球大豆消费量排名第一的国家，同时也是世界上最大的大豆进口国。数据显示，2019年，我国共进口大豆8800万吨，其中从美国进口的大豆占比为19.1%。2018年以来，中美贸易争端对于豆类产品的价格影响较大，尤其是对大豆和豆粕的价格影响。可以预计，短期内中美贸易争端和市场供需对于我国豆制类加工食品产品价格的影响较大。

（二）其他环境影响

1. 消费升级对加工食品类消费的影响

受居民人均可支配收入提升、消费观念和生活方式转变等因素影响，消费者食物消费结构发生转变，对加工类食品的消费支出出现增长趋势。2019年，食品制造业收入同比增长4.23%。其中，烘焙食品制造业收入同比增长4.69%；糖果、巧克力及蜜饯制造业收入同比增长2.2%；方便食品制造业收入同比增长4.19%；乳制品制造业收入同比增长10.17%；罐头食品制造业收入同比减少3.03%；调味品、发酵制品制造业收入同比增长9.27%；其他食品制造业收入同比减少0.55%。

2. 农副产品加工对加工食品类消费的影响

农副食品加工业主要包括谷物磨制、饲料加工，植物油加工，制糖业，屠宰及肉类加工，水产品加工，蔬菜、菌类、水果和坚果加工以及其他农副食品加工。农副产品的生产对农副食品加工行业有重要影响。

首先，自然条件和技术条件对农副食品加工业产生影响，季节性对于农副产品加工的制约尤其显著。其次，从食品加工行业政策和消费环境来看，农副产品加工行业标准化对农副食品加工行业也会造成影响。从我国的农副食品加工标准化工作来看，可以发现存在起步时间较晚、标准规则比较陈旧、标准起点较低等问题，导致我国农副食品企业发展不能较好地与国际市场接轨。最后，消费升级要求农副产品加工业提升产品质量。随着社会经济发展和人民生活水平的提高，消费者对于食品安全与卫生、食品口味等尤其注重，"放心食品""绿色食品"等安全、口感好、健康的产品成为消费者的首选。

五、加工食品类消费的趋势

（一）渠道变化

线上线下融合销售模式是加工食品类消费的趋势。随着居民消费观念的转变以及购买方式的变化，消费渠道也在不断升级，由传统商超、便利店、专卖店以及电商等构成的零售渠道格局不断发生变化。贝恩公司统计数据显示，在快速消费品销售渠道中，电子商务及便利店渠道的销量占比在持续提升，而大卖场、杂货店等渠道则出现了负增长。线上消费突破了产品品类及地域的限制，便捷高效的配送体验以及扁平化渠道结构带来的更具竞争力的价格优势，能够很好地迎合新一代消费人群的诉求。线上线下相融合的创新销售模式已经逐渐得到消费者的认可，不仅满足了消费者的购买需求，还进一步优化了消费者的消费体验。

（二）品级变化

随着社会经济发展和人民生活水平的提高，消费者的消费观念和消费意识也在逐渐变化，对产品品质和服务的重视程度日益提升。消费者更加关注食品安全、质量等，比如放心、绿色、健康、口感切合的食品，可以说，更安全的食品质量、更优质的食品品质和更高效贴心的服务已经成为消费者消费决策时的重要参考因素。同时品牌和口碑作为消费者衡量产品品质及服务的重要因素也受到消费者的关注。

此外，消费者对知名休闲食品品牌的认可度和忠诚度也不断提升，在"互联网＋"消费大趋势下，线上购物赢得了年轻消费群体的热爱。网络购物的特殊性使消费者的评价相对公开透明，使用过该产品的消费者的评分和评价成为其他消费者购买的重要参考因素。

六、小　结

本章主要分析了我国加工食品类消费的情况。

加工食品类产品主要由食品制造业和农副食品加工业的产品组成。近年来，随着国家扩大内需政策的推进、城乡居民收入水平持续增加、食品需求刚性以及供给侧结构性改革红利的逐步释放，未来食品工业将继续保持平稳增长，产业规模也将继续稳步扩大。

从国内来看，以速冻食品为例，近几年来，我国速冻食品产量和销售量保持平稳增长速度，整体经营状况较好，人均消费量也呈逐年增加趋势；人均食糖消费量处在较低水平；而食用植物油的消费量呈现先增长后下降的趋势，城乡居民之间存在较为明显的差异。从国际来看，速冻食品、成品糖、烘焙类食品等品类中国人均消费量均呈现逐年增加的趋势，但总体上，仍低于发达国家人均消费量，我国居民在加工食品类消费上仍有很大提升空间。

在消费结构方面，以食用油为例，从全国来看，我国城镇居民与农村居民食用油消费存在显著差异。城镇居民食用油消费量呈现先增加后下降的趋势，农村居民食用油消费量保持在较稳定水平，并且逐渐超过城镇居民食用油消费量。从地域来看，不同地域的城乡加工类食品消费结构存在差异，大体上可分为四类地区，分别是城镇与农村消费量均较高、城镇与农村消费量均较低、城镇消费量高于农村但差距较小、城镇与农村消费量差异悬殊。城乡居民可支配收入的差距、城镇化水平的不同、居民消费观念的转变等原因使城乡消费结构之间存在差异。

对不同加工食品品类的消费情况进行比较可以发现，以休闲食品和豆制品为例，随着人民生活水平的提高以及健康消费等理念的普及，休闲零食和豆制品成为加工类食品消费的重要组成部分。我国休闲食品行业和豆制品行业将呈现出长期稳定增长的态势。

在加工食品类消费环境的影响因素中，中美贸易争端的消极影响比较明显。但同时，消费升级通过引领消费者消费观念、消费结构的转变为我国加工食品类消费带来了积极影响。自然条件以及农副产品加工行业标准和水平也会对加工食品类的消费造成影响。

第八章

粮油副食消费

　　我国是一个人口大国、农业大国，更是粮食消费大国。近年来，随着我国人口数量趋于稳定，粮食消费总量也渐渐趋于稳定。但伴随着我国经济总量的攀升，国民收入显著提高（见图8-1），城乡居民食物消费结构升级，对农产品质量要求提高，在粮食消费总量稳定的基础上，粮食消费结构正在发生变化。

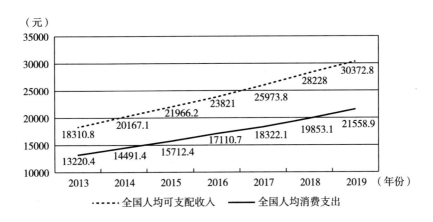

图8-1　2013~2019年全国居民人均收入支出

资料来源：国家统计局。

一、粮油副食消费概况

（一）规模

粮油是指粮食和油料及其加工的成品和半成品的统称，是人类赖以生存的必需品，也是人类主要食物的统称，即主食。主食作为粮食性食品，是人体主要的能量和营养来源。副食即非主食，一般指非正式就餐、零食等，具体包括糖果、罐头、豆制品、饼干、小食品等。粮油副食是人类日常生活的必需品，在人们生活中扮演重要角色。

根据国家统计局统计数据（见图 8 - 2）可以发现，从 2015 年到 2019 年粮油副食占商品零售总额比重逐年下降，从 2015 年的 5.05% 降到了 2019 年的 3.98%。我国近几年粮油、食品类消费额大幅提升，但粮油、食品类占商品零售总额的比重却下降了，这表明随着我国人民收入的大幅增加，消费水平以及消费结构发生了改变。

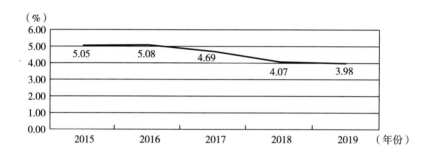

图 8 - 2　2015 ~ 2019 年粮油副食占商品零售总额比重变化趋势

资料来源：国家统计局，中商产业研究院。

同时，相对于食品类零售总额的大幅增加，全国居民人均食品消费总量近几年却保持了相对稳定的状态，基本在 360 千克上下波动。与之相对，全国居民人均粮油消费却从 2013 年的 159.3 千克下降到了 2019 年的 139.6 千克，降幅达到 12.37%。同时，全国居民人均副食品消费量从 2013 年的 205.5 千克增长到了 2019 年的 234.6 千克，增长率达到 14.16%（见图 8 - 3）。由此可见，近几年经济的高速发展给人民的消费水平带来了实质性的提升，快速增加的食品类零售总额也更多是由于副食品消费量的增长引起的（见表 8 - 1）。

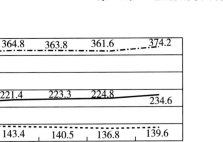

（千克）

400							
350	364.8	360.3	359.2	364.8	363.8	361.6	374.2
300							
250							
200	205.5	208.9	214.1	221.4	223.3	224.8	234.6
150							
100	159.3	151.4	145.1	143.4	140.5	136.8	139.6
	2013	2014	2015	2016	2017	2018	2019 （年份）

- - - - - 粮油 ——— 副食品 - · - · - 食品总量

图 8 - 3   2013 ~ 2019 年全国居民人均食品消费量统计

资料来源：国家统计局。

表 8 - 1   2013 ~ 2019 年全国居民人均食品消费量统计   单位：千克

类别	2013 年	2014 年	2015 年	2016 年	2017 年	2018 年	2019 年
粮食	148.7	141.0	134.5	132.8	130.1	127.2	130.1
食用油	10.6	10.4	10.6	10.6	10.4	9.6	9.5
蔬菜和菌类	97.5	96.9	97.8	100.1	99.2	96.1	98.6
肉类	25.6	25.6	26.2	26.1	26.7	29.5	26.9
禽类	7.2	8.0	8.4	9.1	8.9	9.0	10.8
水产品	10.4	10.8	11.2	11.4	11.5	11.4	13.6
蛋类	8.2	8.6	9.5	9.7	10.0	9.7	10.7
奶类	11.7	12.6	12.1	12.0	12.1	12.2	12.5
干鲜瓜果类	40.7	42.2	44.5	48.3	50.1	52.1	56.4
坚果类	3.0	2.9	3.1	3.4	3.5	3.5	3.8
食糖	1.2	1.3	1.3	1.3	1.3	1.3	1.3
粮油	159.3	151.4	145.1	143.4	140.5	136.8	139.6
副食品	205.5	208.9	214.1	221.4	223.3	224.8	234.6
食品总量	364.8	360.3	359.2	364.8	363.8	361.6	374.2

资料来源：国家统计局。

（二）结构

在居民粮油副食消费中，粮油占比从 2013 年的 43.67% 下降到 2019 年的 37.31%，副食品消费占比从 56.33% 一路上升到了 62.69%（见图 8-4）。随着我国经济的进一步发展，在我国居民的日常饮食中，副食品消费量将继续上升并占据更大的比重。

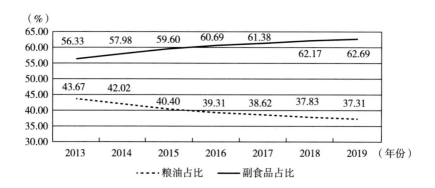

图 8-4　全国居民粮油副食占比

资料来源：国家统计局。

由统计数据可见，中国消费者对食品的需求已发生了显著的改变。民众对食品的需求已经从温饱层面上升到健康、享受的层次，越来越多的人特别是高端市场消费者对食品质量和营养有较高要求，愿意为了更高品质的无公害食品、绿色有机食品等支付额外的价格，消费内容已从数量型向质量型转变。截至 2019 年 12 月 10 日，我国绿色食品企业已有 15984 家，获证产品 36345 个，绿色食品年销售额达 4656.6 亿元。

同时，方便、快捷已经成为食品消费的重要诉求。随着我国家庭规模的缩小，对食品消费的方便、快捷化要求越来越高，便捷化食品、小包装食品的需求增加。食品不再是只满足人们温饱的基本产品，对非正餐零食的需求日益增加。

二、粮油副食消费的地区差异

（一）全国差异

1. 城乡差异

我国疆域辽阔，地大物博，南北方在食品消费和饮食文化方面差异显著，比如，在中国南方一般主食为大米，而北方则小麦的消耗量更多。

由于经济发展水平差异，城乡居民在食品消费结构与粮食消费弹性上也存在显著差异。从图8-5、图8-6中可以明显看出，我国城镇与农村居民食品消费量基本保持稳定，粮油消费量均呈现下降的趋势。从总体情况来看，2013～2019年，农村居民粮油消费量由188.8千克下降到164.6千克，下降幅度为12.81%（见表8-2）；城镇居民粮油消费量由132.2千克下降到119.8千克，下降幅度为9.38%（见表8-3）。相比于城镇居民，农村居民的饮食结构的改变幅度更大。值得一提的是，从图中我们可以看到，相比于城镇居民粮油副食结构比例的稳定不变，农村居民粮油副食的消费结构近几年有了非常大的变化，最明显的就是在2014年左右，农村居民粮油消费量和副食消费量约占到了50%，随后副食消费量逐年增加，成为农村居民的主要食品来源。

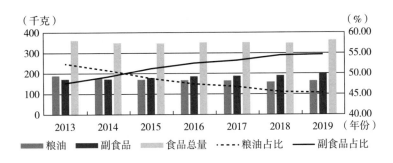

图8-5 农村居民人均主要食品消费量统计

资料来源：国家统计局。

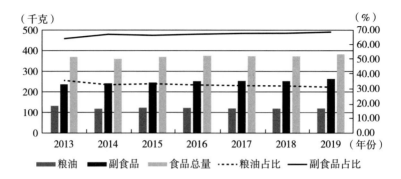

图8-6 城镇居民人均主要食品消费量统计

资料来源：国家统计局。

表8-2 农村居民人均主要食品消费量统计 单位：千克

类别	2013年	2014年	2015年	2016年	2017年	2018年	2019年
粮食	178.5	167.6	159.5	157.2	154.6	148.5	154.8
食用油	10.3	9.8	10.1	10.2	10.1	9.9	9.8
蔬菜和菌类	90.6	88.9	90.3	91.5	90.2	87.5	89.5
肉类	22.4	22.5	23.1	22.7	23.6	27.5	24.7
禽类	6.2	6.7	7.1	7.9	7.9	8.0	10.0
水产品	6.6	6.8	7.2	7.5	7.4	7.8	9.6
蛋类	7.0	7.2	8.3	8.5	8.9	8.4	9.6
奶类	5.7	6.4	6.3	6.6	6.9	6.9	7.3
干鲜瓜果类	29.5	30.3	32.3	36.8	38.4	39.3	43.3
坚果类	2.5	1.9	2.1	2.4	2.6	2.8	3.1
食糖	1.2	1.3	1.3	1.4	1.4	1.3	1.4
粮油	188.8	177.4	169.6	167.4	164.7	158.4	164.6
副食品	171.7	172.0	178.0	185.3	187.3	189.5	198.5
食品总量	360.5	349.4	347.6	352.7	352.0	347.9	363.1
粮油占比（%）	52.37	50.77	48.79	47.46	46.79	45.53	45.33
副食品占比（%）	47.63	49.23	51.21	52.54	53.21	54.47	54.67

资料来源：国家统计局。

表8-3　城镇居民人均主要食品消费量统计　　　　　　　　　　单位：千克

类别	2013年	2014年	2015年	2016年	2017年	2018年	2019年
粮食	121.3	117.2	112.6	111.9	109.7	110.0	110.6
食用油	10.9	1.0	11.1	11.0	10.7	9.4	9.2
蔬菜和菌类	103.8	104.0	104.4	107.5	106.7	103.1	105.8
肉类	28.5	28.4	28.9	29.0	29.2	31.2	28.7
禽类	8.1	9.1	9.4	10.2	9.7	9.8	11.4
水产品	14.0	14.4	14.7	14.8	14.8	14.3	16.7
蛋类	9.4	9.8	10.5	10.7	10.9	10.8	11.5
奶类	17.1	18.1	17.1	16.5	16.5	16.5	16.7
干鲜瓜果类	51.1	52.9	55.1	58.1	59.9	62.0	66.8
坚果类	3.4	3.7	4.0	4.2	4.3	4.1	4.3
食糖	1.3	1.3	1.3	1.3	1.3	1.3	1.2
粮油	132.2	118.2	123.7	122.9	120.4	119.4	119.8
副食品	236.7	241.7	245.4	252.3	253.3	253.1	263.1
食品总量	368.9	359.9	369.1	375.2	373.7	372.5	382.9
粮油占比（%）	35.84	32.84	33.51	32.76	32.22	32.05	31.29
副食品占比（%）	64.16	67.16	66.49	67.24	67.78	67.95	68.71

资料来源：国家统计局。

2019年城乡居民主要食品消费量的数据显示，农村居民人均粮油消费量占食品总消费量的45.33%，蔬菜瓜果类占36.57%，鱼肉蛋奶禽类等"动物性食品"消费约占总食品消费的16.85%；而相对地，城镇居民人均粮油消费占食品总消费量的31.29%，果蔬类消费占45.08%，鱼肉蛋奶禽类等"动物性食品"消费占食品总消费量的22.2%。

分析2013～2019年我国农村居民主要食品消费量的数据，可以发现我国农村居民食品消费结构的特点是：农村居民粮油消费量大于蔬菜瓜果大于肉类，2013～2019年农村居民粮油消费保持相对稳定；蔬菜瓜果消费有小幅度的上升；动物性的肉蛋奶类食品在2013～2019年有了明显的上升。可见随着近几年我国农村居民收入水平的不断提升，饮食结构已经有了相当大的变化，对于肉蛋奶等蛋白质的摄入量有了一个明显的提升，同时对传统的淀粉类主食的消耗量明显下降。相比之下，我国城镇居民食品消费结构的特点是：城镇居民瓜果蔬菜消费量大于粮油、大于肉类，2013～2019 年城镇居民粮油消费量逐年下降；瓜果蔬菜消费量和肉类食品消费量在 2013～2019 年有小幅波动，但基本维持不变，可见近几年城镇居民已基本形成了一种良好的饮食消费习惯，随着收入的增加，饮食结构已经没有大的调整，而粮油消费量的下降则体现了城镇居民对于健康的更高追求。

从居民食品消费的情况中可以看出，今后我国的恩格尔系数将继续呈现下降趋势。未来居民将更加注重食品的合理搭配，关注食品的健康和营养，更加关注食品质量，追求健康和高层次的生活。对于城镇居民来说，由于其具有更高的消费能力及更有利的消费条件，他们更加关注食品消费结构的调整，消费趋势逐渐向高端化发展。对于农村居民来说，他们的消费习惯已坚持多年，短期内难以改变，所以主要消费的还是植物油、猪肉和蔬菜。但是长期来看，随着农村居民生活条件的提高，农村居民也将更加注重饮食结构的合理性，可以预测，他们也将像城镇居民一样，更加注重食品的营养、安全和健康，饮食结构将发生进一步的变化。

2. 地区差异

我国地域辽阔，各地区之间食品消费结构和饮食风格也存在差异，同时各地区经济发展水平、人民收入水平等情况不同，因而居民消费特征也是多样化的。粮食消费直接关系到居民的生活质量，也同社会发展密切相关。在中国，不同地域的粮食消费各有其特点。

图 8-7 中展现了各地区的饮食比例差异，包括全国平均水平、东南沿海地区的江苏、华北地区的河北、东北地区的黑龙江、西南地区的贵州、西北地区的甘肃、中部地区的河南以及华南地区的广东。从图中可以看出，东北、西南和西北地区的居民饮食结构中粮油占比高于全国平均水平，东南和华南地区的居民饮食结构中副食品比例远高于全国平均水平，而华北以及中部地区的居民饮食结构接近于全国平均水平，西南地区的贵州居民的食品总量是最低的，远低于其他地区的食品消耗量。

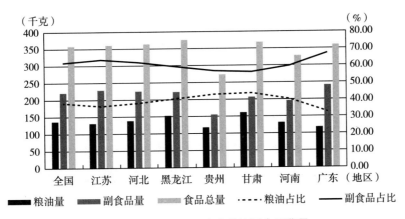

图8-7　分地区居民家庭粮油副食消费量

资料来源：国家统计局。

从图8-8中可以更加明显地看出对比差异，贵州地区居民无论是粮油、瓜果蔬菜还是肉蛋奶类的消耗都远远小于图中其他地区。全国蔬菜瓜果类消费量华北地区居民最多，而华南地区肉蛋奶的消费量则远高于其他地区。另外也有各地区居民饮食习惯的差异带来的影响。华南地区临海，居民饮食结构中水产品相对较多，肉蛋奶的消费量就相对高些。而陕西、山西地区居民更喜好面食，粮油消费量就会高于其他地区的消费量。

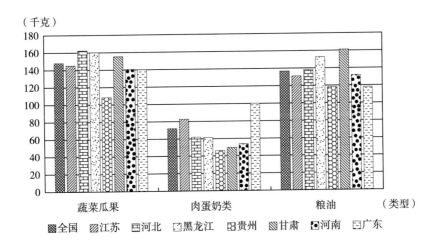

图8-8　分地区居民家庭人均食品消费量

资料来源：国家统计局。

（二）城市差异

为了进一步比较城市之间的差异，本书根据《中国统计年鉴》（2019），一线城市选取北京、上海城镇居民食品消费数据，二线城市选择天津、重庆以及江苏地区的城镇居民食品消费数据，三线及以下城市从中国其他地区包括华北、东北、西南、西北等地的城镇居民食品消费数据中进行汇总平均，用来代表除一、二线城市以外的三线及以下城市的城镇居民食品消费量，制作了图8-9。从图中可以明显看到，在粮油消费量上，一线城市＜二线城市＜三线及以下城市；在副食品消费量上，二线城市＞一线城市＞三线及以下城市；在食品总量上，二线城市＞一线城市＞三线及以下城市。

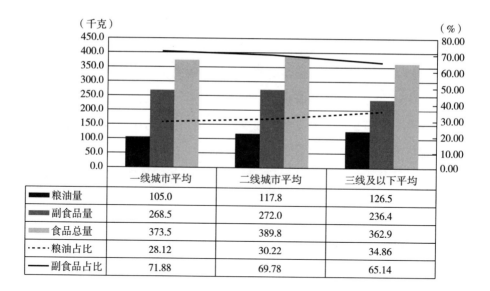

	一线城市平均	二线城市平均	三线及以下平均
■ 粮油量	105.0	117.8	126.5
■ 副食品量	268.5	272.0	236.4
■ 食品总量	373.5	389.8	362.9
⋯ 粮油占比	28.12	30.22	34.86
— 副食品占比	71.88	69.78	65.14

图8-9 各线城市粮油副食消费比例

资料来源：国家统计局。

虽然在副食品消费量上一线城市居民＜二线城市居民，但是在副食品占食品消费比例上一线城市居民比二线城市居民高出两个百分点。从图中可以看出在饮食结构上三线及以下城市居民的副食占比与一线城市之间还有一定的差距。

（三）原因

形成一、二、三线城市直接饮食结构差异的因素有很多，一是由于各线城市居民之间不同的饮食习惯与结构。在三线及以下城市的居民饮食中，粮油主食占比明显高于其他一、二线城市的居民，各线城市居民的饮食结构差异直接导致了粮油消费量的不同。二是相对于一、二线大城市居民来说，三线及以下城市居民的收入较低，收入的差距导致了各线城市居民的消费能力的差距，所以大城市的居民往往在副食品上消费更多。此外，生活方式、消费观念的差别，也是导致城市之间差异的重要原因。

近几年我国经济的发展带动居民收入的增加，逐渐缩小了各线城市之间居民的收入差异。虽然一、二、三线城市之间居民的饮食结构有差异，但是相比于城乡居民之间的饮食差异已经大幅缩小。居民收入的增加，带动了居民饮食习惯的多元化，对蔬菜、肉类、奶类的消费比例不断扩大。

三、粮油副食消费环境变化

中美贸易争端中中国对美国拟中止减税领域包括猪肉、鲜水果、干水果、坚果、葡萄酒、废铝等，食品方面将会增加关税，这有可能导致人们购买这类产品的意愿降低。

从中美贸易争端期间对于食品板块所属食品的关税加征情况来看，虽然对食品领域消费有影响，但受影响总体较小。大包粉、玉米、猪肉自美国进口量占国内消费比例较低，加征关税对国内成本影响不大。受影响较大的是坚果和苜蓿的进口。我国居民坚果消费中部分坚果品种依赖美国进口，两次合计加征关税税率为44%，预计国内成本受影响较大。而对于苜蓿进口，根据公告数据、结合市场价格测算，苜蓿约占养殖成本的25%。而苜蓿美国进口量国内消费占比为34%，加征25%关税，静态看将推升苜蓿价格上升8%～9%，奶牛养殖成本增加约2%。

乳清粉和大豆加征关税分别增加了婴配奶粉和调味品企业生产成本，但龙头企业易通过提价与产品结构升级转嫁成本压力。乳清粉拟加征关税税率为25%，美国进口量国内消费占比为55%。因此乳清粉与大豆导致成本上浮皆不大，并且因为龙头企业品牌力强，易通过提价与产品结构升级有效转嫁成本压力。所以总的来说食品板块虽然会受到中美贸易争端的影响，但总体食品板块相对于科技等其他板块来说受影响较小，行业成长确定性高。

四、小结

本章主要分析了我国居民粮油副食品消费的情况。

从规模来看，近几年全国居民人均粮食消费总量保持了相对稳定的水平。从粮油副食品消费结构来看，我国居民人均粮食消费量呈平稳下降趋势，食用油、肉类、水产品及蛋奶类食品消费量较为平稳，蔬菜、食用菌及干鲜瓜果类消费量呈稳步上升趋势。从进出口情况来看，近几年我国粮油进口数量仍非常大，但相较于之前，已呈现下降趋势。

从全国来看，我国城镇居民与农村居民粮油消费存在显著差异。农村居民粮油消费明显高于城镇居民，而城镇居民消费肉蛋奶类以及蔬菜瓜果类食品明显多于农村居民。从地区来看，我国不同区域粮油副食品消费也存在差异。东北、西南和西北地区的居民饮食结构中粮油占比高于全国平均水平，东南和华南地区的居民饮食结构中副食品占比远高于全国平均水平，而华北以及中部地区的居民饮食结构接近于全国平均水平，西南地区的贵州居民的食品总量是最低的，远低于其他地区的食品消耗量；从城市来看，在粮油消费量上，一线城市＜二线城市＜三线及以下城市；在副食品消费量上，二线城市＞一线城市＞三线及以下城市；在食品总量上，二线城市＞一线城市＞三线及以下城市。

从整体来看，随着居民的收入增加和消费观念的改变，在粮油副食消费领域居民更加注重食品的营养、健康和安全，饮食结构更加趋向合理、健康。

第九章

酒水饮料消费

酒水饮料虽然不是生鲜食品，但是作为生鲜食品的搭配食品发挥着重要作用。居民消费主要食品的过程中会搭配各类酒水饮料，以实现生活品质的提升。

一、酒水饮料消费概况

酒水饮料行业即经营酒、水、饮料等可直接饮用液体的行业，其产品属于大众消费品，消费需求旺盛，行业整体效益较好。按照一般行业和消费群体划分，我们对酒水和非酒精饮料分别进行讨论。

（一）规模

1. 酒类产品消费规模

中国是酒文化大国，也是全球最大的烈性酒消耗国。酒水作为中国的传统行业，具有旺盛的市场需求，再加上其独特的行业特征，使其一直是市场和资本争相追逐的热点。目前国内的酒水市场上主要有白酒、啤酒、洋酒和葡萄酒四大类。其中，白酒属于历史最悠久的品类。

《2019 中国酒类消费行为白皮书》中公开资料显示，2003～2012 年在宏观经济的快速增长带动下，白酒行业实现了十年的"黄金"发展期。但在 2013～2016 年，由于国家一系列限制"三公"消费的政策影响，需求迅速下滑。自 2016 年下半年以来，随着消费者消费观念的升级，中高端白酒复苏趋势明显，白酒消费转型为大众消费（见图 9 - 1）。

近年来，我国白酒的品质有所提升，中国白酒在世界市场上的份额不断增加。因此，我国有望打破白酒行业出口瓶颈，实现白酒出口的突破。进出口数据显示，2019 年我国白酒进口数量为 382 万升，进口金额为 1.46 亿美元；白酒出口数量为1643万升，出口金额为6.74亿美元（见图9-2和图9-3）。进出口量与国内市场产值和消费量相比，所占比重非常小。

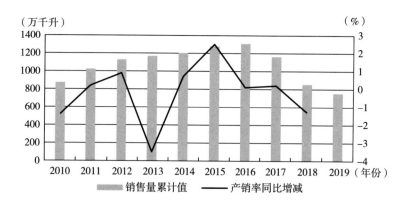

图9-1 2010~2019年中国白酒销售量统计

资料来源：中商产业研究院。

图9-2 2015~2019年中国白酒行业进出口量

资料来源：智研咨询。

啤酒属于外来酒种，于19世纪末传入中国。国内的啤酒企业数量在400家左右，约1500个品牌，企业数量连续五年减少。从总体上来看，国内市场上的啤酒基本处于供过于求、产过于销的状态。其中，全国性的知名啤酒品牌如华润雪花、青岛、燕京等的市场份额均超过10%，这三家企业还共同占据了整个啤酒行业40%以上的市场份额。当然市场上也存在着一些地方性的啤酒品牌，如金星啤酒、重庆啤酒、珠江啤酒和金威啤酒所占市场份额在 5% 左右。由此可见，中国目前的啤酒市场已经呈现出高度集中的态势。

（亿美元）

图 9 – 3　2015～2019 年中国白酒行业进出口金额

资料来源：智研咨询。

　　酒水市场的第三大主要种类是葡萄酒。葡萄酒是由新鲜葡萄经由发酵形成的酒精性饮料，也属于外来酒种。2018 年，全国规模以上葡萄酒产量中，东部地区占比 51.8%，中部地区占比 22.9%，西部地区占比 25.3%。葡萄酒产量前三省份依次是山东、河南和新疆。随着市场经济的发展和社会的进步，人们的饮酒习惯也在发生变化，中国酒水市场的葡萄酒需求量近年来大幅增长。

　　我国进口酒类数量快速增长。2008～2018 年，我国酒类进口量从 2.5 亿升增至 23.7 亿升，复合年均增长率为 25.32%；酒类进口金额从 10.81 亿美元增至 56.01 亿美元，复合年均增长率为 17.88%。其中，葡萄酒进口量从 1.8 亿升增至 7.3 亿升，复合年均增长率为 14.92%；葡萄酒进口金额从 8.73 亿美元增至 39.15 亿美元，复合年均增长率为 16.19%。伴随着国民人均收入近些年的快速增长，进口烟酒规模与饮料规模也同比实现了增长，为国内消费带来更多品类选择，也体现了国内对酒类消费以及对酒类新品类的需求。

　　2. 饮料类产品消费规模

　　酒水饮料中的饮料即无酒精饮料，是指经过定量包装的，供直接饮用或按一定比例用水冲调或冲泡饮用的，乙醇含量（质量分量）不超过 0.5% 的制品。软饮料属于大众消费品，已由最早期的汽水这一单一品种发展为多个品类。目前市场上常见的软饮料分为包装饮用水、蛋白饮料、果蔬汁类及其饮料、碳酸饮料（汽水）等 11 大类。软饮料行业的品类繁多，虽然属于可选消费品，但由于绝大多数商品单价相对较低，加上口味众多和不断创新的营销理念，一直受到青少年消费者的青睐。从图 9－4 中可以看到近年来饮料的销售量一直相对稳定。

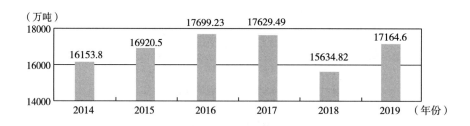

图 9－4 2015～2019 年我国饮料销售量

资料来源：国家统计局，华经产业研究院。

随着我国经济的高速增长、城镇化率的不断提高以及人们生活节奏的持续加快，我国的非酒精饮料市场一度保持高速增长。2019 年 1～12 月，我国饮料行业累计产量 17763.5 万吨，同比增长 7%。根据近十年来的国家统计局数据显示：2010～2016 年全国饮料产量呈不断上升趋势，2017 年、2018 年全国饮料产量有所下降，尤其 2018 年下降幅度较大；2019 年全国饮料产量回升，一改下降趋势（见图 9－5）。就产销率来看，2011～2013 年，我国饮料行业产销率比较稳定；2014～2016 年，我国饮料行业产销率波动较大，不足 98%，这说明全国饮料产量大于销售量，出现了供过于求的局面，部分商品滞销，这一情况在 2017 年开始得到改善；但 2019 年我国饮料行业产销率较 2018 年下降约 0.6%，2019 年我国饮料行业销量仍然低于产量，呈供过于求状态，未来可能需要警惕生产过剩带来的不利影响（见图 9－6）。

新冠肺炎疫情期间，酒水饮料的消费也受到了一定的影响。据国家统计局数据显示，从烟酒类零售情况来看，受疫情影响，烟酒类零售额与上年同期相比下降较多（见图 9－7 和图 9－8）。

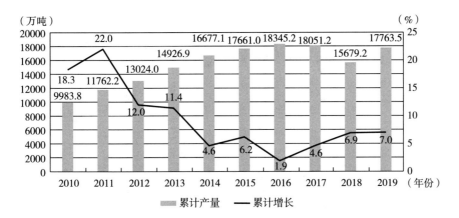

图9-5 2010~2019年全国饮料年产量及增长情况

资料来源：中商产业研究院。

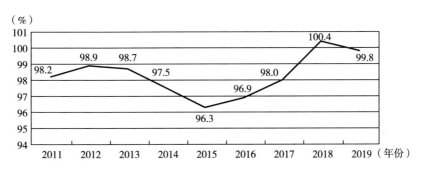

图9-6 2011~2019年全国饮料产销率

资料来源：国家统计局，中商产业研究院。

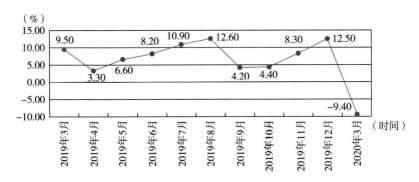

图9-7 2019~2020年我国烟酒类当月零售额同比增速

资料来源：国家统计局，智研咨询。

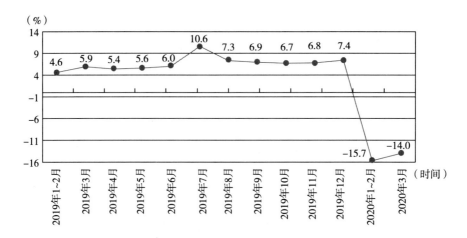

图 9－8　2019～2020 年我国烟酒类累计零售额同比增速

资料来源：国家统计局，智研咨询。

（二）结构

我国居民的酒类消费结构依据酒的类别大致可以分为四类：白酒、葡萄酒、啤酒和洋酒。

1. 白酒

白酒是中国特有的蒸馏酒。自元代蒸馏技术成熟之后，现代意义上的白酒才开始流行，并以高酒精度、刺激性强以及香气浓郁受到饮酒人群喜爱，已成为中国的"国饮"。公开资料显示，2003～2012 年我国白酒行业实现了十年"黄金"发展期。但在 2013～2016 年，由于国家一系列限制"三公"消费的政策影响，需求迅速下滑。但自 2016 年下半年以来，随着消费者消费观念的升级，中高端白酒复苏趋势明显，白酒消费转型为大众消费。

根据《2019 中国酒类消费行为白皮书》数据显示，白酒饮酒人群呈现出明显的性别差异，男女比例达 3∶1，平均年龄为 37 岁，92% 已婚，均在所有酒类中最高（见图 9－9）。高端白酒发展迅速，五成以上的饮酒人群消费量在 500～1000 元，以高端白酒为主（见图 9－10）。在购买频率上，每月购买、每季度购买和按需购买的比例都接近 30%。

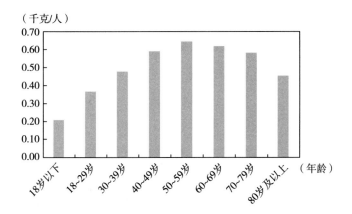

图9-9　不同年龄阶层白酒消费量

资料来源:《2019中国酒类消费行为白皮书》《胡润百富》。

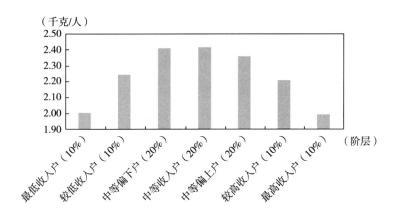

图9-10　不同收入阶层白酒消费量

资料来源:《2019中国酒类消费行为白皮书》《胡润百富》。

在白酒的消费场景上,宴请和送礼是最主要的消费目的。在购买白酒时,口感是最主要的考虑因素,品牌是购买白酒的第二考虑因素(见图9-11)。值得注意的是,随着经济的发展,人们的饮酒观念也在发生变化,健康意识逐渐增强,降度和低度白酒的需求越来越明显。

白酒消费主要集中在国内市场,出口国外的白酒市场所占份额不到8%。从进口酒类的国家和地区来看,主要集中在韩国、新加坡等东南亚地区,也包括欧洲部分地区。随着我国经济的快速发展，居民收入水平稳步提升，大部分人口将逐步迈入品质消费阶段，白酒消费主力年龄段人群占比稳定，白酒消费量长期趋稳，高端优质白酒及高性价比白酒将更受欢迎，有望实现份额提升。

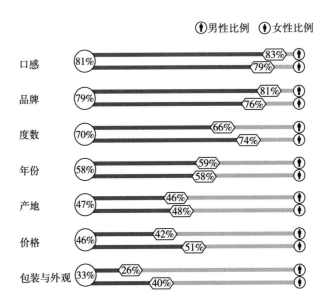

图9-11　白酒购买考虑因素

资料来源：《2019中国酒类消费行为白皮书》《胡润百富》。

2. 葡萄酒

2005年，进口葡萄酒的关税大幅度下降，进口葡萄酒市场呈现爆发式的增长，也导致国内葡萄酒市场竞争白热化。葡萄酒因具有美容养颜和软化血管的作用，常被认为是最健康的酒类，其优雅的特质也正好满足了许多消费者对生活情调的需求。因此，越来越多的消费者开始青睐葡萄酒，尤其在经济发达的一、二线城市。

根据国家统计局发布的数据：2017年中国葡萄酒产量为1001000千升，同比下降12%。而2017年中国葡萄酒进口数量为787204千升，同比增长18%。葡萄酒的饮酒人群性别差异并不明显，女性略高，占比51%，是女性在自饮和收藏时的首选酒类。

总体来看，葡萄酒饮用人群的平均年龄为 34 岁，已婚比例为 86%，购买葡萄酒的平均价格为 500 元左右。在购买频率上，按月度和季度购买的人较多，这表明很大比例的葡萄酒饮用人群已经养成了固定消费的习惯。

在消费场景上，葡萄酒是女性在自饮和收藏时的首选酒类，也经常成为宴请用酒。在购买葡萄酒的考虑因素上，口感和品牌排名前两位。在品牌偏好方面，高端葡萄酒市场上流行的主要品牌仍以国外品牌为主，拉菲是最受青睐的葡萄酒品牌。除了口感和品牌外，消费者的选择还会受到葡萄种类、产地和年份的影响。

3. 啤酒

啤酒是消费量最大的酒类，以其清爽的口感成为诸多饮酒人士的日常饮品，尤其是在夏季。公开资料显示，1980～2013 年，中国啤酒产量持续增长，年复合增速约为 13%，历史最高增速超过 40%。但在 2014 年后，啤酒行业进入缩量调整期，市场集中度逐步提升，产品品类也逐步丰富。

由于人口老龄化的趋势，啤酒的消费主力数量不断下降。随着消费者健康意识不断提高和消费结构的改善，啤酒对消费者的吸引力不足，其他酒类和低酒精度的饮料正在不断蚕食啤酒行业市场份额。虽然未来啤酒市场总体需求增量不大，但消费升级的趋势越来越明显，中高端啤酒的市场份额正不断扩大。

4. 洋酒

洋酒在广义上是进口酒的统称，但为了与进口啤酒、葡萄酒区分，洋酒通常意义上指的是进口烈酒，主要有威士忌（Whisky）、白兰地（Brandy）、伏特加（Vodka）、朗姆酒（Rum）、龙舌兰酒（Tequila）和金酒（Gin）六大类。一些以这些酒作为基酒的配制酒也可以被当作洋酒，比如利口酒、预调酒和鸡尾酒等。对国内消费者来说，洋酒在过去一直是高端奢侈的代名词。总体来说，洋酒在国内市场品类规模不大，市场区域化严重，主要分布在中心城市及沿海发达城市，消费场所主要为高档酒店、夜总会、酒吧等娱乐场所。随着国内消费的提高，进口洋酒具备的品牌和口味多样化的优势正不断吸引新的消费者。

5. 饮料

饮料市场品类越来越多，细分度也越来越高，除传统的茶饮、果汁和汽水外，植物纤维和植物蛋白、功能饮料、运动饮料、咖啡以及定位高端的水饮不断细分。从饮料各细分行业来看，中国饮料行业的主要品牌在消费者心里已经牢牢占据重要位置，从各大饮料企业产量和销售量来看，基本与饮料品牌排名情况相一致（见表9-1）。

表9-1 2020年中国部分食品饮料品牌力指数品牌排行前十名

品类	品牌名称
瓶装水	农夫山泉、康师傅、娃哈哈、怡宝、百岁山、爱夸、冰露、雀巢、恒大冰泉、屈臣氏
100%纯果汁	汇源、味全每日C、农夫山泉、大湖、都乐、悦活、嘉宝、派森百、橙宝、帕玛拉特
果汁、果味饮料、蔬菜汁	美汁源、汇源、康师傅、农夫果园、统一、娃哈哈、营养快线、椰树、纯果乐、水溶C100
功能饮料	脉动、红牛、农夫山泉尖叫、健力宝、东鹏特饮、佳得乐、乐虎、娃哈哈启力、宝矿力水特、力量帝维他命水
即饮茶	康师傅、统一、娃哈哈、达利园、农夫山泉茶π、今麦郎、东方树叶、三得利、天喔茶庄、立顿
凉茶	王老吉、加多宝、和其正、同仁堂、黄振龙、板蓝花、娃哈哈、邓老、徐其修、统一
碳酸饮料	可口可乐、百事可乐、雪碧、美年达、芬达、七喜、健力宝、农夫山泉
乳酸菌饮料	优益C、养乐多、娃哈哈、每益添、植物活力、君乐宝、小洋人、味全、太子奶、伊利畅意100%

资料来源：《2020年中国品牌力指数SM（C-BPI®）》。

由图9-12可知，2019年，包装饮用水销量占比34.55%，即饮茶销量占比21.12%，碳酸饮料销量占比14.93%。由此可见，中国饮料市场以包装饮用水、即饮茶和碳酸饮料为主。经过多年发展，果汁和能量饮料也成为了饮料行业的重要组成部分。2019年果汁销量占比15.60%，能量饮料销量占比7.92%。随着我国居民消费水平的提高，消费者对饮料的健康、功能属性需求日益提升，各细分类别饮料中，能量饮料、即饮咖啡、包装饮用水和亚洲特色饮料表现出超越行业的快速增长，其中能量饮料在 2014～2019 年销售额复合增长率超 15%，在所有细分品类中增速领先。而同比来看，果汁、即饮茶以及浓缩饮料在 2014～2019 年销售额复合增长率为负值，可见市场对于以上三类水饮消费量持续下降，而主打"无糖""健康"等主题的饮料需求在一直提升（见图 9－13）。

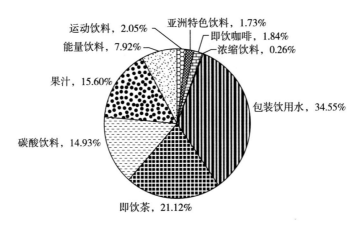

图 9－12　2019 年中国各类饮料销售额占比

资料来源：欧睿，中商产业研究院。

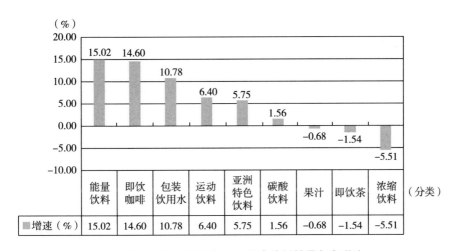

图 9－13　2014～2019 年中国各类饮料销量复合增速

资料来源：历年《中国统计年鉴》。

不同年龄阶段的人对待购买饮料的态度也是不同的，"80 后""90 后""00 后"乃至"05 后"更是饮料的消费主体（见图 9－14）。

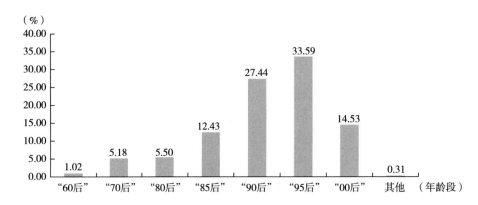

图 9-14　饮料消费群体年龄段分布

资料来源：微博数据中心。

（三）国际比较

从饮酒种类来看，中国人喜好白酒和啤酒，而将葡萄酒和洋酒作为高端消费，美国人一般以饮用啤酒、威士忌、鸡尾酒和葡萄酒比较多，欧洲地区更多将葡萄酒作为日常消费饮品，而俄罗斯等寒冷地区人们则更偏好于高酒精度数的伏特加酒以抵御寒冷。

茶、可可、咖啡被誉为世界三大无酒精饮料。茶叶产量的92%集中在发展中国家。亚洲是世界著名茶叶产区，其产量占世界总产量的80%，多分布在东亚、东南亚和南亚的热带和亚热带地区。其中印度和中国共占世界总产量的1/2以上。斯里兰卡、印度尼西亚、土耳其和日本都是茶的主要生产国。目前茶叶消费中国地区占据绝大多数。

咖啡是用经过烘焙磨粉的咖啡豆制作出来的饮料，具有很强的提神醒脑功效，目前在国外有着广泛的消费人群，巴西、日本、美国等西方国家是咖啡主力消费国家。中国的咖啡文化也在逐渐发展中。发展中国家占世界咖啡栽培面积的99.9%和产量的99.4%，消费则集中在发达国家，以美国、西欧各国和日本为多。目前总体消费情况为欧美西方国家为可可与咖啡的消费主力。

除去三大传统饮料以外，美国、日本、韩国和中国台湾地区功能性食品已经流行多年，并形成了相对完备的监管体系。日本企业以消费者需求为核心，根据不同性别、年龄、身体素质等因素，细分消费人群，开发相应的功能性食品饮料。随着互联网的发展，企业的营销力度增大，中国消费者越来越了解功能性饮料，未来将引领新一轮的饮料消费升级。

二、酒水饮料消费的地区差异

（一）城乡差异

近年来，随着收入增加与城镇化水平提升，推动了农村居民的食品与烟酒消费。农村居民对酒类的消费明显高于城镇居民，并且呈现出逐渐增长的趋势。从酒类零售价格指数来看，酒类消费价格城乡居民都有所提升，但是城镇居民的酒类消费价格提升幅度小幅高于农村居民（见图9－15）。

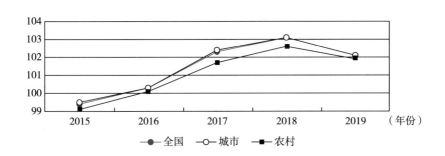

图 9－15　2015～2019 年酒类零售价格指数

资料来源：历年《中国统计年鉴》。

（二）地域差异

鉴于目前大量的酒水饮料是通过互联网购买，本节参考了 CBNData 消费大数据，结合网络销售的部分数据，可以明显看出酒水饮料消费的地区差异。从整体来看，东部沿海地区对酒水的线上消费最为旺盛，特别是华东地区，并且消费金额占比仍在快速提升。东部沿海地区酒水消费比例高于内陆地区，酒水消费需求增长旺盛。根据CBNData消费大数据，白酒消费偏好前五的省份分别是河南、山东、安徽、江苏和河北。而啤酒消费偏好前五的省份分别是天津、辽宁、北京、黑龙江和吉林。

从线上酒水销售的收货地可以统计出地域特征数据，经过统计发现明显的地域特征，北方地区的居民偏好啤酒，中部地区的居民更偏好白酒，中西部地区居民喜欢葡萄酒，华南地区以及北京、上海等地居民更爱洋酒，而江浙沪皖则偏爱本地标志性的养生黄酒（见图9-16）。

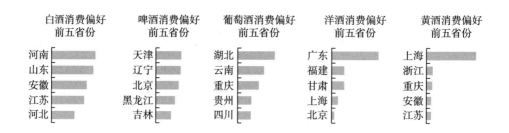

图9-16 各酒类消费前五位省份

注：酒水品类偏好：该地区购买各品类酒水消费金额占比/整体各品类酒水消费金额占比。数据时间段：MAT2018。

资料来源：CBNData消费大数据。

对于白酒消费来说，不同地域的居民偏好也不相同。由不同地域消费者偏好白酒香型可以看出，华北地区和西部地区居民喜欢清香型白酒，东北部及中部地区居民偏好浓香型白酒，南部地区居民则偏好酱香型的醇厚口感，而绵柔型的白酒因其柔顺的口感在江浙沪皖一带广受欢迎。

由于我国在经济发展水平、人口总量和消费观念方面各有差异，我国饮料的生产、消费水平在不同地区之间存在差异。大体上，经济越发达、人口越多，该地区饮料的生产、消费水平就越高。从饮料产量增长率来看，产量排名靠前的几个省市中，除了个别省份在2018年实现了产量增长外，其余大多数省份产量同比 2017 年都有所下滑（见图 9 - 17）。

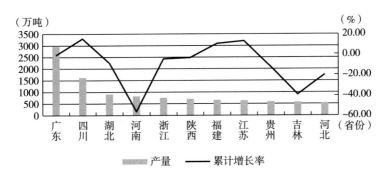

图 9 - 17　全国各省市饮料产量对比

资料来源：中商产业研究院数据库。

（三）城市差异

在酒水消费金额上，一线城市的居民消费金额比重不断下降，同时二、三线城市的居民消费金额所占比例迅速攀升，同比增长最高。随着电商的快速发展、物流设施的进一步完善，消费者们接触到了更多的酒类品牌、酒产品，消费者的消费潜力被激发，二线及三线城市消费者逐渐成为酒类消费市场中的重要力量（见图 9 - 18）。

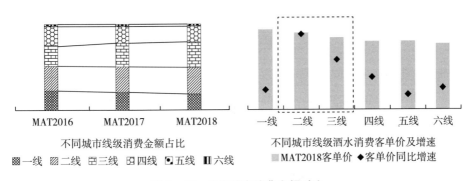

图 9 - 18　各线城市消费金额对比

资料来源：CBNData 消费大数据。

三、酒水饮料消费环境变化

（一）中美贸易争端

在美国市场每年超过 800 亿美元的酒精饮料消费中，从中国进口的酒品只有 100 多万美元，数量微乎其微，与美国葡萄酒在中国市场的影响相比，中国白酒在美国的影响微乎其微。此外，这次中美贸易争端，双方征税领域中都没有涉及白酒领域。

涉及美国对中国约 30 亿美元出口中，葡萄汽酒、瓶装葡萄酒、加强酒、散酒和葡萄酒原料，都在加税范围内。但据海关数据显示，2017 年我国自美国进口瓶装葡萄酒总量为 963 万升，进口额为 7559 万美元，远低于法国、澳大利亚、智利等国，在瓶装葡萄酒来源国中排行第六，因此受到的影响相对较小。

（二）新冠肺炎疫情影响

春节是酒企，特别是白酒企业每年重要的销售旺季。2020 年初，受新冠肺炎疫情影响，酒类传统购买渠道受阻，各种经典的消费场景，如送礼、聚饮等场景减少甚至消失，给酒类消费带来一定影响。春节是白酒销售旺季，无论是高端还是次高端，基本上占到全年销量的 40% 左右。以茅台、五粮液和国窖为代表的高端品牌和产品，商业和终端之间以及终端对其核心消费人群的交易已在年前基本完成，对各企业第一季度影响较小。从产品价格来看，疫情影响排序：高端酒＜低端光瓶酒＜次高端及地产酒。对高端白酒来说，实际对销量的主要影响在于节后及上半年库存积压导致的周转和去库存周期变长，影响全年的量大约在 10%。

国家统计局数据显示，2020 年 1~3 月，全国规模以上白酒企业产量 169.26 万千升，同比下降 15.87%；白酒销售收入 1442.02 亿元，同比下降 5.67%；利润 437.75 亿元，同比增长 7.46%。疫情之下，部分数据下滑在意料之中。与

2019 年年报显示的整体向好趋势不同，受新冠肺炎疫情冲击，2020 年第一季度，除茅台、五粮液等个别龙头外，白酒上市公司业绩表现均有所承压。

总的来说，在 2020 年第一季度，疫情对以茅台、五粮液为代表的高端白酒影响较小，两大龙头企业均实现两位数的稳健增长，但在二线白酒这一块，由于受疫情下消费场景的冲击，多数出现了一定程度的下滑。

四、小结

本章主要分析了我国酒水饮料消费的情况。

酒水饮料行业即经营酒、水、饮料等可饮用液体的行业，其产品属于大众消费品，消费需求旺盛，行业整体效益较好。

从规模上来看，近几年随着消费者消费观念的升级，中高端白酒未来发展前景广阔，白酒消费转型为大众消费；啤酒市场则呈现出高度集中的态势，华润雪花、青岛、燕京等全国性品牌占据了大部分的市场；葡萄酒市场受近年来人们饮酒习惯变化的影响，需求量出现大幅增长。在饮料消费上，民众则更加关注功能性和健康性需求，新产品新品牌层出不穷。

从全国来看，我国酒水饮料消费存在着很明显的城乡和地域差异。东部沿海地区酒水消费比例高于内陆地区，酒水消费需求增长旺盛。在酒水消费金额上，一线城市的消费金额所占比重不断下降，二、三线城市的消费金额所占比重迅速攀升，同比增速最高。随着电商渗透率的提升，二、三线城市消费潜力被释放，二、三线城市消费者的酒类消费类型越来越多。总体来说，经济发达、人口较多地区的生产、消费水平明显高于其他地区。

2020 年初，受新冠肺炎疫情影响，酒水饮料传统购买渠道受阻，各种经典的消费场景，如送礼、聚会等场景减少甚至消失，给酒水饮料消费带来一定的影响。尤其是二线白酒，受疫情下消费场景减少的冲击，多数出现了一定程度的下滑。

第十章

新冠肺炎疫情对生鲜品类消费的影响

2020 年 1 月底国内新冠肺炎疫情在湖北武汉暴发，进而疫情蔓延全国。初期，省际间、城际间、各个小区间都采取全面封闭隔离的方式，这一方面对缓解疫情、减少病毒传播起到了积极的作用，另一方面也对各类生鲜食品的供应、消费以及价格造成了影响。通过整理各方数据发现，新冠肺炎疫情对肉类、禽蛋、乳制品的影响表现为短期内供应不足，价格上涨，在疫情缓解后很快趋于稳定。

一、对肉类消费的影响

根据中国农业农村部数据，2019 年 12 月我国猪肉价格达到 43.44 元/千克，由于春节购买量增大和疫情的影响，猪肉短期供应不足，肉价保持上涨。2020 年 2 月价格增长到 49.7 元/千克，3 月有所回落，达到 48.20 元/千克。疫情期间，大部分居民居家隔离，肉类消费量有一定下降，但隔离也对生猪饲养产生一定影响，疫情结束后猪肉需求反弹时，若不能充足供应，仍有价格上涨风险（见图 10 - 1）。

通过观察生鲜及熟食下细分品类 19 个月（2019 年 1 月至 2020 年 7 月）的销售额变化，可以发现部分细分品类受疫情影响十分明显。肉制品、新鲜/冷冻肉、熟食腊味在 2020 年 1 ~ 2 月出现明显峰值，而且肉制品、新鲜/冷冻肉销售额显著高于上一年同期水平（见图 10 - 2）。

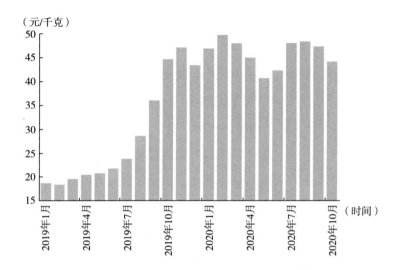

图 10 - 1　2019 年 1 月至 2020 年 10 月猪肉批发价格

资料来源：中国农业农村部数据。

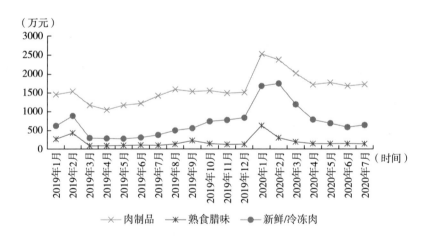

├─ 肉制品　┼ 熟食腊味　● 新鲜/冷冻肉

图 10 - 2　2019 年 1 月至 2020 年 7 月肉制品、熟食腊味、新鲜/冷冻肉销售额

资料来源：中国消费大数据研究院。

二、对禽、蛋类消费的影响

2020 年新冠肺炎疫情对非农产业影响远大于农业产业，对畜禽业影响远大于种植业。由于病毒传染源控制、饲料缺乏、活禽交易市场关闭等因素，畜牧业受到严重冲击。"封村断路"、延迟饲料厂复工、暂停活禽交易、关闭屠宰场等防疫措施导致养殖场和养殖户的畜禽无饲料可用、仔畜雏禽无处可卖、出栏畜禽无法屠宰，养殖生产活动难以正常开展。对养鸡业而言，部分养殖场由于饲料短缺急于出栏，部分养殖场的肉鸡已达出栏期限被迫压栏，肉鸡供给数量远远大于屠宰数量，价格急速下跌；由于交通限制导致孵化场的鸡苗无法顺利销售和运输，部分养殖场被迫对鸡苗采取填埋等极端处理措施，损失巨大。

不仅中小畜禽养殖企业和散养户受到疫情影响，大型养殖企业同样面临严重亏损的局面。原因是多方面的，聚餐和人员走动的大幅减少，以及禁止活禽外运，导致大量的活禽滞销。蛋鸡和肉鸡不同，肉鸡恢复产能快，而蛋鸡需要一个较长的周期，若不能迅速缓解饲料进不来、鸡蛋出不去的局面，禽业养殖的日子会雪上加霜。

综上所述，疫情期间由于市场销售不畅，大量畜禽产品不能及时出售，积压严重，错过了最佳的上市时间，不仅增加了饲养和储藏成本，而且降低了产品的新鲜度和价值，造成了巨大的经济损失。

三、对乳制品类消费的影响

根据中国消费大数据研究院收录的 2019 年 1 月至 2020 年 7 月的全国零售商品信息，新冠肺炎疫情对乳制品供需平衡产生了影响。2020 年春节期间，受疫情影响，原本过节送礼的乳制品需求被压制。

（一）乳制品销售额变化

通过观察乳制品品类 19 个月（2019 年 1 月至 2020 年 7 月）销售额及环比、同比增长率变化（见图 10 - 3 和图 10 - 4），2020 年 1 月出现环比增长率峰值，比上月增长 55%，可能是受春节影响，与上年同期相比也增长了 55%。在疫情影响之下，消费者增加了对乳制品的需求，可能是因为乳制品在补充人体蛋白质、增强免疫力方面受到了公众的肯定。在次月环比增长率与同比增长率同时急剧下滑，可能是由于乳制品供应渠道受阻，导致销售额下滑，随后几个月则逐渐恢复正常水平。

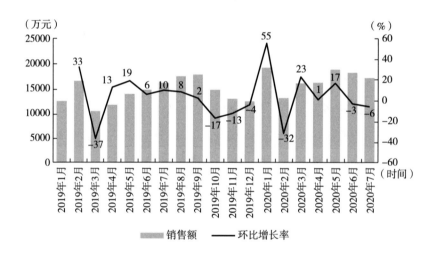

图 10 - 3　2019 年 1 月至 2020 年 7 月乳制品销售额与环比增长率

资料来源：中国消费大数据研究院。

（二）新冠肺炎疫情对乳制品的地区影响差异

疫情暴发初期北京地区乳制品消费受影响较小，从图 10 - 5 中可以看出，河北及北京在 1 月销售额均有所提升，2 月回落，而上海则 2 月销售增长，3 月回落。观察环比增长率图（见图 10 - 6）与同比增长率图（见图 10 - 7）可以看出，北京地区6月对乳制品的消费额快速下降，并且下降幅度明显大于其他两省，6月北京也首次出现了同比增长率为负的情况。初步推测是因为北京作为疫情二次暴发的中心地区，受疫情防控影响，乳制品消费受其影响严重。

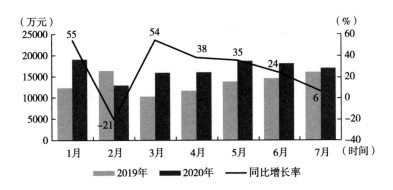

图10-4　2019年1~7月和2020年1~7月乳制品销售额与同比增长率

资料来源：中国消费大数据研究院。

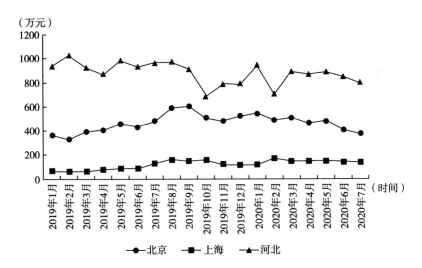

图10-5　2019年1月至2020年7月北京、上海、河北乳制品销售额变化

资料来源：中国消费大数据研究院。

（三）新冠肺炎疫情对乳制品价格的影响

乳制品受到疫情的影响更为严重，这是由于乳制品作为享乐品而非生活必需

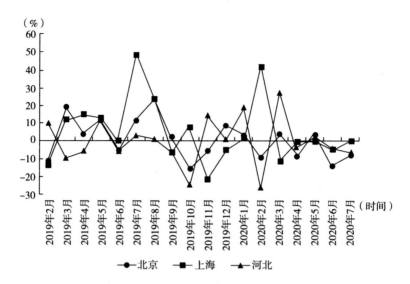

图 10 - 6　2019 年 1 月至 2020 年 7 月北京、上海、河北乳制品销售额环比变化

资料来源：中国消费大数据研究院。

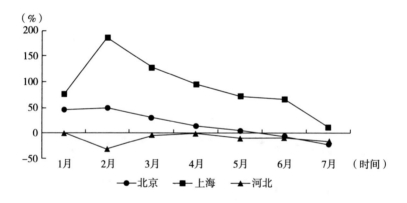

图 10 - 7　2019 年 1 月至 2020 年 7 月北京、上海、河北乳制品销售额同比变化

资料来源：中国消费大数据研究院。

品，受到供需的影响会更加严重。疫情对餐饮业的巨大影响也迁移到黄油、奶酪、奶油等乳制品上，进一步影响了其价格。由图 10 - 8 和图 10 - 9 可见，乳制品价格在 2020 年 2 月开始提升，而在 2020 年 4 月迅速下降至接近 2019 年的最低价格。消费者在年初囤积了大量的牛奶，使其在之后的月份中，对牛奶的需求量降低，购买量减少。而对于乳品企业而言，奶制品的保质期有限，因此需要零售商降价处理，促进消费者的购买，从而导致价格下跌迅速。

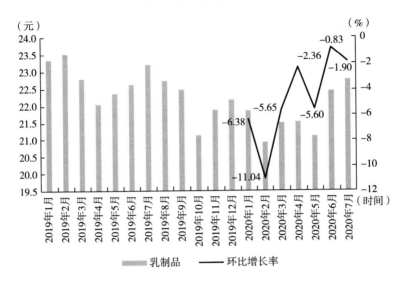

图 10 - 8　2019 年 1 月至 2020 年 7 月乳制品价格及环比增长率

资料来源：中国消费大数据研究院。

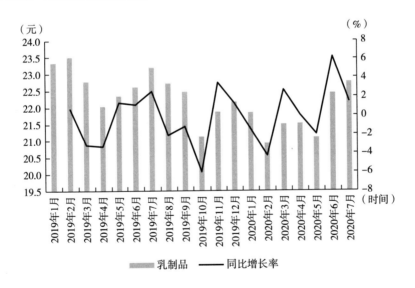

图 10 - 9　2019 年 1 月至 2020 年 7 月乳制品价格及同比增长率

资料来源：中国消费大数据研究院。

从图 10 - 10 中可以看到，不同类别的乳制品价格变化有所区别，而图 10 - 11 和图 10 - 12 显示纯羊奶的价格变化最大，而纯牛奶和酸奶的价格变化很小。在

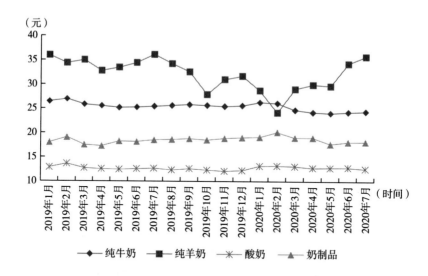

图 10 – 10 2019 年 1 月至 2020 年 7 月乳制品价格变化

资料来源：中国消费大数据研究院。

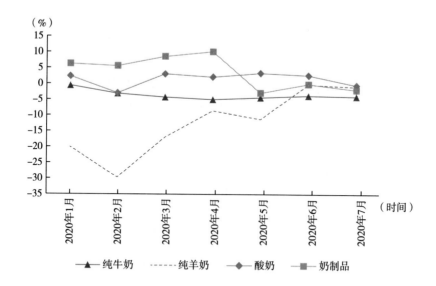

图 10 – 11 2019 年 1 月至 2020 年 7 月各类乳制品环比增长率

资料来源：中国消费大数据研究院。

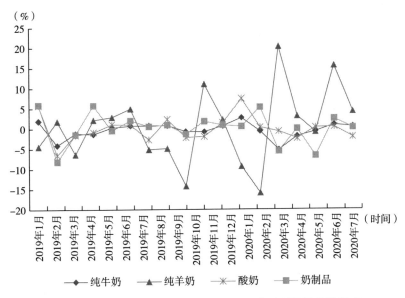

图 10 - 12 2019 年 1 月至 2020 年 7 月各类乳制品同比增长率

资料来源：中国消费大数据研究院。

2020 年 2 月羊奶的价格极大下降，而酸奶、纯牛奶价格则有所提升。这是由于羊奶是享乐品，消费者主要为中高收入人群。2020 年 2 月，消费者因为疫情严重的原因囤积了大量的生活必需品，而羊奶并不在其中，所以价格下降明显。随着疫情的好转，人们的生活逐渐恢复正常，中高收入的消费者又恢复了羊奶的购买行为，使羊奶的价格逐渐升高。

四、对粮油副食消费的影响

受新冠肺炎疫情影响，2020 年 1 ~ 2 月农副食品加工业行业增加值下降16%，食品制造业行业增加值下降18.2%，但与人们生活密切相关的商品呈现增长态势，限额以上单位粮油食品类、饮料类分别增长 9.7%、3.1%，食品类中冻肉和方便面分别增长 13.5% 和 11.4%。根据目前疫情对经济发展影响的形势，疫情对食品行业中第三产业的影响远大于第一产业和第二产业，对非农产业影响远大于农业产业。2020年1~2月，全国居民消费价格同比上涨5.3%。分类别看，食品烟酒价格同比上涨15.6%，其中，粮食价格上涨0.6%，鲜菜上涨13.8%，猪肉上涨125.6%，鲜果下降5.3%。

分月份看，2020年1、2月全国居民消费价格同比分别上涨5.4%和5.2%，环比分别上涨1.4%和0.8%。其中，疫情发展最为严峻的2月全国食品价格同比上涨21.9%，影响CPI上涨约4.45个百分点，但食品中鲜活食品价格持续处于高位，对CPI上涨影响最大，农副食品的价格整体平稳。

食品价格上涨较多的主要原因，从供给方面看，首先是各地不同程度地实施了交通运输管控措施，使部分地区物流不畅；其次是人力短缺造成物资配送难度加大，成本有所上升；最后是部分企业和市场延期开工开市，一些产品生产和供给受到影响，难以及时满足市场需要。从需求方面看，受"居家"要求与"避险"心理等因素影响，有的居民出现囤购行为，部分地区出现抢购方便面、肉制品和速冻食品等易储食品现象，甚至波及其他食品，助推价格上涨。

在这其中，方便速食品类销量大幅增长，是典型的少数受疫情正面影响的品类。方便食品在本次疫情中的屡屡脱销，与民众食品物资储备意识的兴起有关。在这样一个特殊时期，方便面等方便食品以其能够长时间储存、易于制作食用等特点再一次受到广大居民的青睐。几乎是在疫情变得严重的第一时间，方便速食品类就全面成为最早被大量采购、囤货的物品。随着疫情的逐渐扩散和居家生活的深入，对各类新产品新品牌的尝鲜需求继续推升对方便速食品类的增长态势。一方面疫情在短期内明显拉升了方便速食的整体销量；另一方面对自热火锅/饭等较新的子品类也是一次市场教育，可能加速某些潜力新兴品类的渗透推广。

五、对酒水饮料消费的影响

通过观察酒水品类19个月（2019年1月至2020年7月）销售额及环比、同比增长率变化（见图10-13、图10-14），可知疫情对酒水品类存在一定程度的影响。2020年1月环比增长率高达154%，同比增长率则高达66%，也就是疫情期间与春节的重叠期，酒水销售额大幅增长，不过2月很快回落，甚至同比增长率低至-59%。除去春节期间走亲访友送礼的因素外，2月的销量快速回落更多的是由于疫情暴发人员流动下降导致。通过观察可以发现，同比2019年上半年的酒类销售数据，2020年1月相比2019年1月，酒类销售额大幅增长达到66%，可见2020年销售的火爆与人们购买需求的大幅增长。但是反差出现在2月，由于受新冠肺炎疫情的影响，销售额同比下降59%，人们的消费需求被大幅压制，3月后形势逐渐好转，国内疫情逐步得到控制，相比往年的销售数据2020年也有了一定程度的增长（见图10-15）。

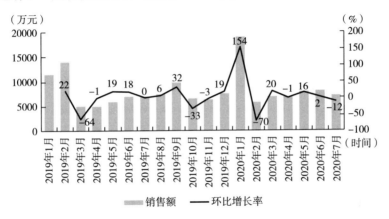

图10-13　2019年1月至2020年7月酒水销售额与环比增长率

资料来源：中国消费大数据研究院。

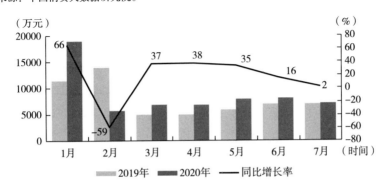

图10-14　2019年1~7月、2020年1~7月酒水销售额与同比增长率

资料来源：中国消费大数据研究院。

通过观察酒水下细分品类19个月（2019年1月至2020年7月）销售额变化（见图10-15、图10-16和图10-17），可以发现白酒的变动幅度最大，峰值出现在2020年1月，明显高于2019年1月，但很快回到正常水平，啤酒与白酒销售额较大，走势比较清晰，啤酒受季节影响更加明显，冬季销售额较低，但在2020年1月却有明显回升，显然受到了疫情居家隔离的影响，致使居民啤酒消费增加，除白酒、啤酒外，其他细分品类销售额较小，走势并不明显，但仍可见2019年2月与2020年1月都有一定幅度上涨，这是由于受到春节习俗与疫情的双重影响导致的。

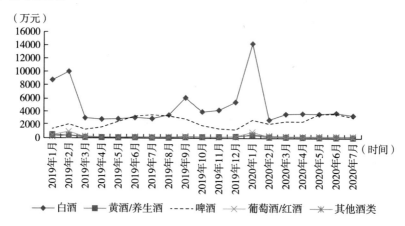

图10-15 2019年1月至2020年7月酒水细分品类销售额

资料来源：中国消费大数据研究院。

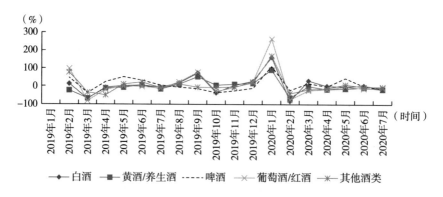

图10-16 2019年1月至2020年7月酒水细分品类销售额环比增长率

资料来源：中国消费大数据研究院。

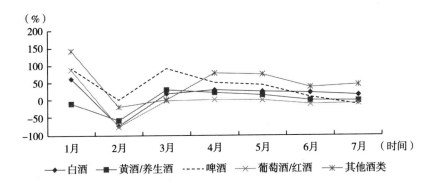

图 10 - 17　2019 年 1 ~ 7 月、2020 年 1 ~ 7 月酒水销售额同比增长率

资料来源：中国消费大数据研究院。

六、小结

本章主要分析了新冠肺炎疫情对生鲜品类消费的影响情况。

首先是疫情对肉、禽、蛋、奶类消费的影响。新冠肺炎疫情使我国猪肉短期供应不足，肉价保持上涨。此外，疫情防控的隔离措施一方面对缓解疫情、减少病毒传播起到了积极的作用。另一方面也影响了猪、牛、羊等肉类产品的供应和消费，并对价格造成了影响。

疫情防控措施导致禽蛋类市场销售渠道不畅，大量畜禽产品不能及时出售，严重积压，错过了最佳的上市时间，不仅增加了饲养和储藏成本，而且降低了产品的新鲜度和价值，造成了巨大的经济损失。

另外，新冠肺炎疫情对乳制品供需平衡产生了影响。疫情肺炎期间乳制品价格波动大，羊奶等高端乳制品的价格与销量受到了较大影响。而随着疫情的好转，人们的生活逐渐恢复正常，中高收入的消费者又恢复了羊奶的购买行为，使羊奶的价格逐渐升高。

其次是疫情对粮油副食消费的影响。新冠肺炎疫情使食品价格上涨较多，食品烟酒类居民消费价格指数高于同期居民消费价格指数。这主要是由于疫情防控使食品企业的生产受影响以及居民囤货行为共同导致的。除此之外，方便速食品类销量大幅增长，是典型的少数受疫情正面影响的品类。

最后是疫情对酒水饮料消费也产生了一定影响。疫情使酒类传统购买渠道受阻、经典消费场景的消费减少或者消失，给我国白酒消费带来一定影响。此外本次疫情将长期影响民众对健康方面的认知和重视，对于有一定社交刚性需求的白酒行业而言，消费者降低饮酒频次强化适度饮酒的理念，使白酒行业总量下降，品牌集中和价位升级的趋势将更加明显。

第十一章

中国社区生鲜超市食品消费趋势及政策建议

一、社区生鲜超市食品消费趋势

（一）食品消费总量不断增加，结构持续优化

总体上讲，我国居民食品消费总量是不断增加的，由于居民可支配收入的增加、消费观念的转变、城市化水平的提高等因素，我国居民的食品消费结构发生了变化。国家统计局数据显示，2013～2019 年，我国居民粮食（原粮）消费量不断减少，食用油、蔬菜及食用菌、坚果和食糖的消费保持稳定，而肉禽蛋奶干鲜瓜果类的消费则呈明显的增长趋势（见表 11－1）。此外，通过比较 2016～2019 年的居民消费价格指数，可以发现我国粮油副食及水产品的价格保持相对稳定，蔬菜和肉类价格下降明显，而禽蛋奶类食品及干鲜果品的价格呈上涨趋势（见表 11－2）。这与居民消费呈对应关系，居民对肉禽蛋奶及干鲜果品的需求稳步增长。

表 11－1　2013～2019 年全国居民人均主要食品消费量

指标	2013 年	2014 年	2015 年	2016 年	2017 年	2018 年	2019 年
粮食（原粮）	148.7	141	134.5	132.8	130.1	127.2	130.1
食用油	10.6	10.4	10.6	10.6	10.4	9.6	9.5
蔬菜及食用菌	97.5	96.9	97.8	100.1	99.2	96.1	98.6
肉类	25.6	25.6	26.2	26.1	26.7	29.5	26.9
禽类	7.2	8.0	8.4	9.1	8.9	9.0	10.8
水产品	10.4	10.8	11.2	11.4	11.5	11.4	13.6
蛋类	8.2	8.6	9.5	9.7	10.0	9.7	10.7
奶类	11.7	12.6	12.1	12.0	12.1	12.2	12.5
干鲜瓜果类	40.7	42.2	44.5	48.3	50.1	52.1	56.4

指标	2013 年	2014 年	2015 年	2016 年	2017 年	2018 年	2019 年
坚果类	3.0	2.9	3.1	3.4	3.5	3.5	3.8
食糖	1.2	1.3	1.3	1.3	1.3	1.3	1.3

资料来源：国家统计局。

表 11 - 2   2016 ~ 2019 年我国居民食品研究类居民消费价格指数

指标（上年 = 100）	2019 年	2018 年	2017 年	2016 年
粮食类居民消费价格指数	100.5	100.8	101.5	100.5
食用油类居民消费价格指数	101.3	99.2	99.8	101.7
菜类居民消费价格指数	103.9	106.6	92.7	110.9
鲜菜类居民消费价格指数	104.1	107.1	91.9	111.7
畜肉类居民消费价格指数	129.1	96.2	95	111
禽肉类居民消费价格指数	110.0	105.5	99.5	101.5
水产品类居民消费价格指数	100.3	102.3	104.4	104.6
蛋类居民消费价格指数	105.1	112	96	96.8
奶类居民消费价格指数	101.6	101.4	100.1	99.9
干鲜瓜果类居民消费价格指数	109.8	104.1	102.7	98.2
鲜瓜果类居民消费价格指数	112.3	105.6	103.8	97.4
糖果糕点类居民消费价格指数	100.7	102	102.1	101
调味品类居民消费价格指数	101.2	101.9	102.6	102.1
茶及饮料类居民消费价格指数	101.5	101.7	101.2	100.4
烟酒类居民消费价格指数	101.2	101.2	100.8	101.5

资料来源：国家统计局。

（二）人均可支配收入增加推动消费升级

2019 年我国居民人均可支配收入为 30373.85 元，同比增长 8.9%；城镇居民人均可支配收入为 42358.8 元，同比增长 7.9%；农村居民人均可支配收入为 16020.67 元，同比增长 9.6%。比较发现，城镇居民人均可支配收入总额高于居民人均可支配收入，远远高于农村居民人均可支配收入，充足的可支配收入使城镇居民在进行食品消费时有了更多的选择权，消费者更加关注产品的品质、品牌以及价值观的表达。但从增长率来看，农村居民人均可支配收入同比增长率为9.6%，高于同期居民可支配收入以及城镇居民人均可支配收入的增长率，农村居民可支配收入的快速增加推动农村居民消费量和消费结构发生转变（见图11-1和图11-2）。

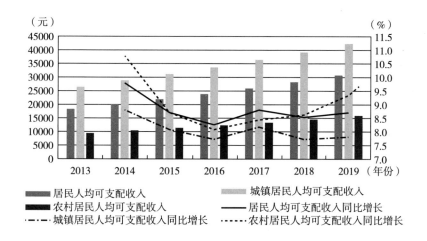

图 11-1　2013~2019 年全国居民人均可支配收入

资料来源：国家统计局。

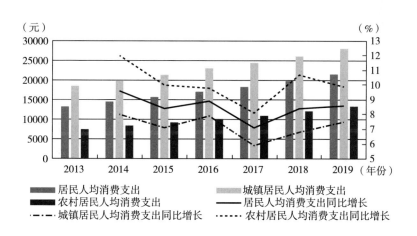

图 11-2　2013~2019 年全国居民人均消费支出

资料来源：国家统计局。

从生鲜超市食品品类的地区差异中也可以看出这一趋势，虽然城镇居民在各类食品消费上的绝对支出超过农村居民，但农村居民的消费增长速度却高于城镇居民。未来，三、四线城市及广大农村消费者的消费升级空间依然巨大，在品牌、产地及价值观和生活方式的引导下将会有新的突破。

消费结构的不断升级促进食品行业向着更成熟、更高效的方向发展，为了满足消费者日益丰富的产品需求，一些细分品类的食品行业也将会获得进一步发展。可以预见的是，在消费升级的背景下，具备更加优质的产品服务、更高的品牌知名度、更好的口碑和信誉及更强创新能力的企业将在同类企业中脱颖而出。

（三）线上线下渠道融合

随着消费者对品质需求的提升以及市场从业者的探索，生鲜食品的消费场景逐步多元化，由单一线上或单一线下渠道，逐步演变为线上线下渠道融合，消费者生鲜消费方式的选择越加多样化，购买越加便利，用户体验也越来越好。陆续出现前置仓、店仓一体化、社区拼团、门店到家、冷柜自提等新模式，现阶段生鲜电商行业多种商业模式并存，竞争越发激烈。

2019 年中国生鲜电商行业市场交易规模达 2796.2 亿元，较上一年增长36.7%。2020 年受新冠肺炎疫情影响，消费者对于生鲜到家的需求急速增长，生鲜电商市场交易规模将会有显著的提升。艾瑞在疫情期间对居民选择生鲜电商看重因素的调研结果显示，无接触配送、商品品质以及商品丰富度是用户选择生鲜电商最为看重的三大因素，因此提升商品品质和 SKU 覆盖是生鲜电商平台的主要运营方向。此外，生鲜电商环节复杂，对运输、存储的要求更高，因此面临高昂的物流成本及运营成本，如何优化生鲜电商经营模式、加强供应链管理能力，实现规模化盈利，是生鲜电商未来发展需要思考的重要问题。

就社区生鲜超市而言，除维持现有运营的便利性及个性化之外，还需加快线上线下融合速度，为社区居民就近提供便捷、多样化的商品供给，从而形成以社区为中心的小型化、专业化、多品种、强覆盖的商超模式。

（四）贸易争端对农产品影响明显但总体可控

从整体来看，中美贸易争端对中国的农产品生产和消费存在一定的影响，特别是猪肉、禽肉及水果的进口来源国发生了很大变化，但总体上来看是可控的。从食品价格方面也可以证明这一结论，虽然部分相关食品的价格在中美贸易争端之初有明显上涨，但随着进口来源国的增加和变化，价格趋于稳定。随着国内市场供给大幅度增加，品质也随之提升，肉禽蛋奶及蔬菜水果的日常供给稳定增长。

二、社区生鲜超市食品消费的政策建议

（一）社区生鲜超市需分级经营、继续下沉

从社区生鲜超市食品消费状况来看，城乡差别依然存在，但增长速度发生明显变化，农村的潜力超过城市。随着中国城市化进程加速，大量农村居民转化为城镇居民，三、四线及以下城市对社区生鲜超市形成巨大需求。与此同时，一、二线城市的消费升级要求社区生鲜超市提供差别化、专业化、精品化的产品和服务。分级分类经营的社区生鲜超市在不同城市覆盖，这样才能满足人民日益增长的食品消费升级需求。

（二）构建以社区为中心的食品供给和消费节点

2020 年的新冠肺炎疫情对社区生鲜超市既是机遇也是挑战。疫情之下，社区生鲜超市成为满足居民基本生活需要的重要供给点，在防控最困难的时候发挥着巨大的输血作用。疫情缓解之后，在常态化疫情防控的背景下，社区商超需要继续承担这一责任。这就要求从政策上大力扶植社区生鲜超市成为食品供给和消费的网络节点，以社区为中心，以生鲜超市为依托，连接各社区网络，形成网络

状的食品供给和消费节点。

（三）提升社区商超食品供给的服务化水平

目前大多数社区生鲜超市的食品供给趋势具有便利性和专业化的特征，生鲜蔬菜水果便利店模式比较常见，集中为社区居民提供日常生活必需的蔬果。不过，随着居民消费升级的需要，城市主粮市场萎缩，副食消费增加的趋势明显。因此，除了供给必需的食品及日用品之外，社区生鲜超市还需进一步改造，提升食品供给的服务化水平。即除了可以提供基础食品的供给之外，还可以进一步提供半加工品和成品的供应，如搭配好的蔬菜和肉类、切好的水果果盒等。目前部分城市已经出现提供蔬果"盲盒"的供应商，这种供给品对于年轻消费者来说非常有吸引力，他们也乐意为了神秘感和兴趣而支付额外的费用。从服务化的角度来看，蔬果"盲盒"的出现意味着生鲜产品供给的服务化进程开始加速。

（四）以生鲜食品消费带动社区服务消费

中国人向来是"民以食为天"，并且中国人的消费习惯是偏好生鲜食品的，因此，社区生鲜超市的发展可以以生鲜食品为切入点，带动其他社区服务消费的发展。健康意识的提升让消费者除了日常食品消费逐渐绿色化之外，还特别关心营养保健，特别是老龄化加剧以及生活压力大的一、二线城市居民愿意为健康付费，因此以社区生鲜超市为基点，联合布局营养和健康产业将成为未来社区生鲜超市发展的主流。

从政策角度来看，各级政府可以将生鲜食品供应和社区服务聚集起来，形成聚集区，让各社区居民可以在购买所需食品和日用品的同时比较便利地完成包括物业管理、社区养老、社区医疗保健等相关服务的使用和消费。这种联动式服务对于社区管理以及突发状况下的各类服务将具有重大意义。

参考文献

［1］艾媒咨询：《2019－2022 年中国冷链物流行业剖析及发展前景分析报告》，https：//www. iimedia. cn/c400/66916. html。

［2］艾媒咨询：《2019 年中国社区生鲜行业市场运行监测报告》，https：//www. iimedia. cn/c400/68148. html。

［3］艾瑞咨询：《2020 年中国生鲜电商行业研究报告》，http：//www. 199it. com/archives/1082439. html。

［4］百果园：《2018 百果园春节水果消费报告》，https：//www. guojiguoshu. com/article/3883。

［5］第一财经商业数据中心（CBNData）、天猫：《2018 天猫酒水线上消费数据报告》，http：//www. 199it. com/archives/770631. html。

［6］广州市增城区人民政府办公室：《广州市增城区人民政府办公室关于印发增城区鼓励惠民生鲜超市建设管理办法的通知（2020）》，http：//www. zc. gov. cn/gk/zwwgk/jcgk/content/post_ 3838244. html。

［7］国家统计局：《中国统计年鉴（2020）》，http：//www. stats. gov. cn/tjsj/tjcbw/202009/t20200923_ 1791118. html。

［8］国家统计局：《中华人民共和国 2019 年国民经济和社会发展统计公报》，http：//www. stats. gov. cn/tjsj/zxfb/202002/t20200228_ 1728913. html。

［9］胡润研究院：《2019 中国酒类消费行为白皮书》，http：//www. 199it. com/archives/849674. html。

［10］华经产业研究院，https：//www. huaon. com/。

［11］华经产业研究院：《2020－2025 年中国饮料行业竞争格局分析及投资战略咨询报告》，https：//www. huaon. com/channel/trend/610873. html。

［12］江南大学、曲阜师范大学、中国食品安全舆情研究中心：《中国食品安全发展报告（2016）》，http：//china. qianlong. com/2016/1207/1186298. shtml。

［13］江南大学、中国食品安全报社、曲阜师范大学：《中国食品安全发展报

告（2019）》，http：//www. xinhuanet. com/food/2020 - 01/15/c_ 1125461485. htm。

　　[14] 京东大数据研究院，https：//research. jd. com/。

　　[15]《经济学人》，https：//www. economistasia. com/asia/pds/cn/baidu/bau/？
utm_ source = baidu&utm_ medium = brandzone&utm_ campaign = pc&utm_ content =
pc - title&utm_ term = % e5% ae% 98% e7% bd% 91% 20 - % 20% e7% 8b% ac% e7%
89% b9% e7% 9a% 84% e5% 85% a8% e7% 90% 83% e5% 8c% 96% e8% a7% 86%
e8% a7% 92% e7% 9c% 8b% e4% b8% 96% e7% 95% 8c。

　　[16] IT 桔子，https：//www. itjuzi. com/。

　　[17] 联合国粮食及农业组织（FAO），http：//www. fao. org/。

　　[18] 美国疾病控制和预防中心（CDC），https：//www. cdc. gov/。

　　[19] 美国农业部（USDA），https：//www. usda. gov/。

　　[20] 尼尔森，https：//www. nielsen. com/cn/zh/。

　　[21] 前瞻产业研究院：《2018 年中国生鲜行业研究报告》，http：//www.
100ec. cn/detail - -6484675. html。

　　[22] 前瞻产业研究院：《2020 - 2025 年中国烘焙食品行业品牌竞争与消费
需求投资预测分析报告》，https：//bg. qianzhan. com/trends/detail/506/200911 -
1df230a3. html。

　　[23] 前瞻产业研究院：《2020 - 2025 年中国食用油行业产销需求与投资预
测分析报告》，https：//www. qianzhan. com/analyst/detail/220/190919 - aa5d47a7.
html。

　　[24] 前瞻产业研究院：《2020 - 2025 年中国速冻食品行业产销需求与投资
预测分析报告》，https：//baijiahao. baidu. com/s？ id = 1647001660565210996。

　　[25] 前瞻产业研究院：《2020 - 2025 年中国休闲食品行业消费需求与投资战
略规划分析报告》，https：//bg. qianzhan. com/trends/detail/506/201015 - 556490a2.
html。

　　[26] 全国城市农贸中心联合会，http：//www. cawa. org. cn/home/Html/xie-
huiindex. html。

　　[27] 商务部、发改委等：《国内贸易流通"十三五"发展规划》，http：//

www. sxxingxian. gov. cn/xxgk/ghjh/201906/t20190618_ 1295613. shtml。

［28］世界动物卫生组织（OIE），https：//www. oie. int/。

［29］智研咨询：《2018－2024 年中国乳制品市场分析预测及投资前景预测报告》，https：//www. chyxx. com/research/201710/574037. html。

［30］智研咨询：《2018－2024 年中国乳制品行业市场分析预测及投资战略研究报告》，https：//www. chyxx. com/research/201712/590230. html。

［31］智研咨询：《2020－2026 年营养、保健食品制造行业市场行情动态及投资规模预测报告》，https：//www. chyxx. com/industry/202007/884345. html。

［32］智研咨询：《2020－2026 年中国大豆深加工行业市场运营模式及竞争策略研究报告》，https：//www. chyxx. com/industry/202004/857598. html。

［33］智研咨询：《2020－2026 年中国米香型白酒行业发展战略规划及投资趋势分析报告》，https：//www. chyxx. com/industry/202001/827618. html。

［34］中国产业信息网，https：//www. chyxx. com/。

［35］中国国家统计局，https：//data. stats. gov. cn/。

［36］《中国国家统计年鉴》，http：//www. stats. gov. cn/tjsj/ndsj/。

［37］中国海关总署，http：//www. customs. gov. cn/。

［38］中国互联网信息中心，http：//www. cnnic. net. cn/。

［39］中国连锁经营协会：《2018 社区生鲜调研报告》，https：//max. book118. com/html/2019/0121/8120106026002003. shtm。

［40］中国奶业协会，https：//www. dac. org. cn/。

［41］中国农业部奶业管理办公室：《中国奶业年鉴》（中国农业出版社）。

［42］中国农业农村部，http：//www. moa. gov. cn/。

［43］中国农业农村部：《中国奶业质量报告》（中国农业科学技术出版社）。

［44］中国乳制品工业协会、中国医疗保健国际交流促进会、荷兰皇家菲仕兰：《2018 年中国人奶商指数报告》，http：//www. 360doc. com/content/18/0921/14/20431251_ 788516335. shtml。

［45］中国商务部：《2018 年中国电子商务报告》，http：//dzsws. mofcom. gov. cn/article/ztxx/ndbg/201905/20190502868244. shtml。

［46］中国食品工业协会烘焙专业委员会，http：//www. ibreadcake. com/nd. jsp？groupId＝1&id＝79。

［47］中国水产流通与加工协会、中国社会科学院财经战略研究院：《中国水产品电子商务报告（2019）》，http：//yycxxh. com/nd. jsp？id＝390。

［48］中国糖业协会，http：//www. chinasugar. org. cn/。

［49］中国物流与采购联合会冷链物流专业委员会，http：//www. lenglian. org. cn/。

［50］中国物流与采购联合会冷链物流专业委员会：《2019 农产品产地冷链研究报告》，http：//www. 199it. com/archives/941141. html。

［51］中国物流与采购联合会冷链物流专业委员会、国家农产品现代物流工程技术研究中心：《中国冷链物流发展报告（2020）》，http：//www. lenglian. org. cn/。

［52］中国消费大数据研究院（内部数据）。

［53］中华人民共和国财政部，http：//www. mof. gov. cn/index. htm。

［54］中华人民共和国生态环境部，http：//www. mee. gov. cn/。

［55］中华人民共和国生态环境部：《2018 年中国生态环境状况公报》，ht-tp：//www. mee. gov. cn/ywdt/tpxw/201905/t20190529_ 704841. shtml。

［56］中商产业研究院数据库：《2017－2022 年中国乳制品市场调查及投资前景研究报告》，https：//guba. eastmoney. com/news，300163，570674988. html。